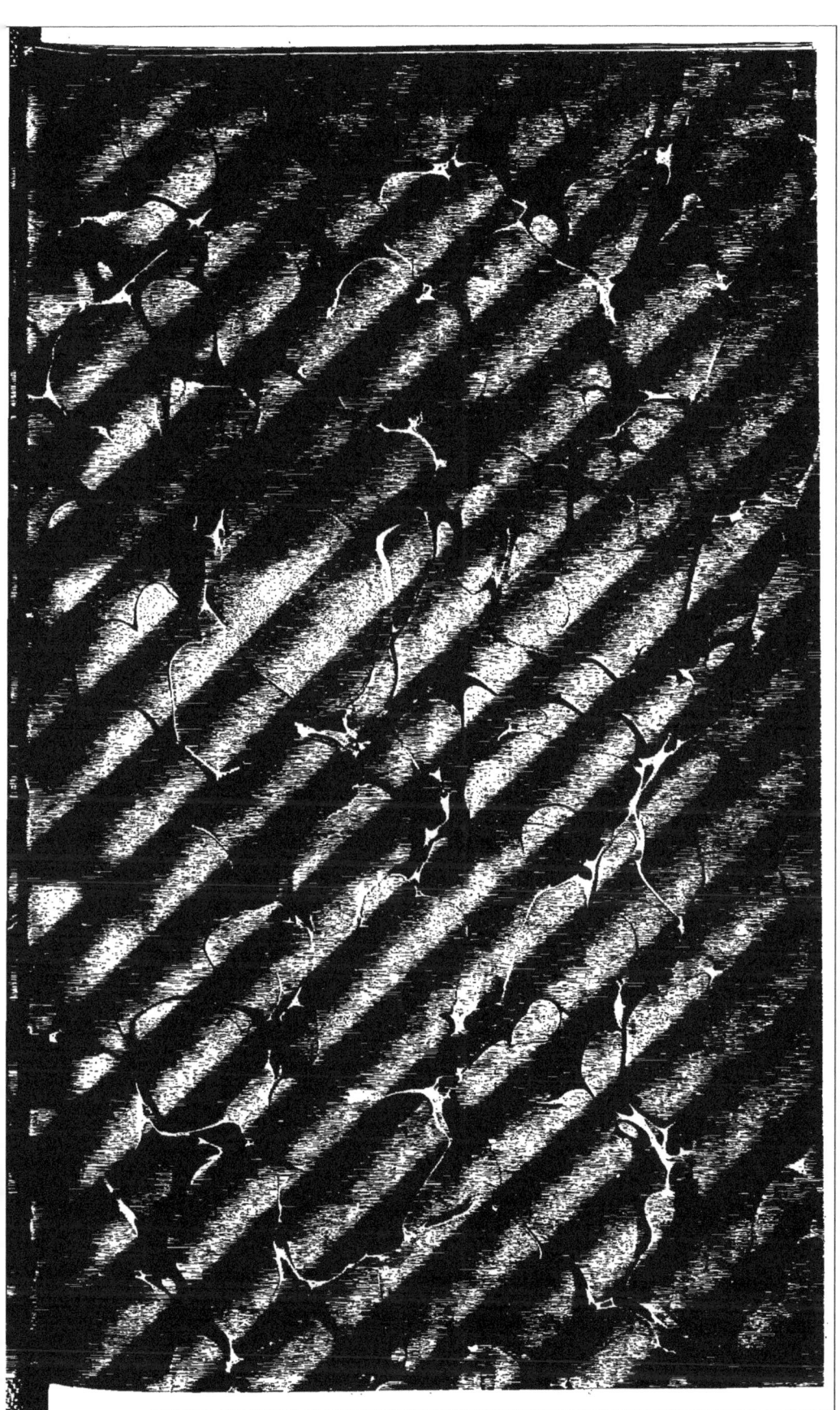

DE LA

NOTE D'INFAMIE

EN DROIT ROMAIN

PAR

EUGÈNE HEPP

AVOCAT, DOCTEUR EN DROIT

PARIS

AUGUSTE DURAND, LIBRAIRE, 7, RUE DES GRÈS

1862

BONNIER (Ed.), professeur à la Faculté de droit de Paris. Traité théorique et pratique des Preuves en droit civil et en droit criminel. 3ᵉ édition, revue et considérablement augmentée. 1862, 2 vol. in-8.   15 fr. » c.

CABRYE (E.-D.), docteur en droit, avocat à la Cour imp. de Rennes. Du Droit de rétention. 1860, in-8.   3 fr. » c.

CAILLEMER (Exupère), avocat à la Cour imp. de Caen. Des intérêts. 1861, in-8.   2 fr. » c.

COUTEAU (Em.), avocat, docteur en droit. Des rapports à succession ; de la *Collatio* en droit romain. 1861, in-8.   3 fr. » c.

DARESTE (Rodolphe), avocat au Conseil d'État et à la Cour de cassation. La justice administrative en France, ou Traité du contentieux de l'administration. 1862, 1 fort vol. in-8.   8 fr. » c.

DEMANTE (Gabr.), professeur à la Faculté de droit de Toulouse. Exposition raisonnée des principes de l'enregistrement en forme de commentaire de la loi du 22 frimaire an VII. 2ᵉ édition, revue et corrigée. 1861. 2 vol. in-8. 12 fr. » c.

DEMOLOMBE (C.), doyen de la Faculté de droit de Caen, etc. — Cours de Code Napoléon. Tomes I à XVIII, in-8.   144 fr. » c.
Chaque volume se vend séparément.   8 fr. » c.

LAROMBIÈRE (L.), président de la Cour impériale de Limoges. Théorie et pratique des Obligations ou Commentaire des titres III et IV, livre III du Code Napoléon, art. 1101 à 1386. 1857-1858, 5 vol. gr. in-8.   40 fr. » c.

LAUTH (Eugène), avocat à la Cour impériale de Paris, docteur en droit. De la quotité disponible entre époux, avec une introduction philosophique et historique. 1862, in-8.   3 fr. » c.

MACHELARD, professeur de droit romain à la Faculté de Paris. Dissertation sur l'accroissement entre les héritiers testamentaires et colégataires aux diverses époques du droit romain. 1860, in-8.   5 fr. » c.

—   Des Obligations naturelles en droit romain. 1860, in-8.   7 fr. » c.

MASSOL, professeur de droit romain à la Faculté de Toulouse. De l'obligation naturelle et de l'obligation morale en droit romain et en droit français. 2ᵉ édition, considérablement augmentée. 1862. 1 vol. gr. in-8.   6 fr. » c.

MAYNZ (Ch.), professeur à l'Université de Bruxelles. Éléments du droit romain. 2ᵉ édition. 1857-1859. 2 vol. gr. in-8.   18 fr. » c.

PELLAT (C.-A.), doyen de la Faculté de droit de Paris. Précis d'un Cours sur l'ensemble du Droit privé des Romains, traduit de l'allemand de Marezoll. 2ᵉ édition. 1852. in-8.   8 fr. » c.

— Textes choisis des Pandectes, traduits et commentés. 1858-60, in-8. 6 fr. » c.

TRÉBUTIEN (E.), professeur à la Faculté de Caen. Cours élémentaire de Droit criminel ; comprenant l'exposé et le commentaire des deux premiers livres du Code pénal, du Code d'instruction criminelle en entier, et des lois et décrets qui sont venus modifier ces Codes, jusques et y compris les lois adoptées par le Corps législatif en 1853, notamment les lois du 4 juin 1853 sur la composition du jury, du 9 juin sur la majorité exigée pour la déclaration du jury, du 10 juin sur les pourvois en matière criminelle, et sur les attentats contre la famille impériale. 1854. 2 vol. in-8.   15 fr. » c.

VAUGEOIS (A.), docteur en droit, avocat à la Cour imp. de Caen. De la distinction des biens en droit romain et en droit français. 1860. gr. in-8.   4 fr. » c.

ZACHARIÆ (K.-S.). Le Droit civil français, traduit de l'allemand sur la 5ᵉ édition, annoté et rétabli suivant l'ordre du Code Napoléon, par MM. G. Massé et Ch. Vergé, avocat, docteur en droit. 1855-1860. 5 vol. in-8.   37 fr. 50 c.

DE LA

NOTE D'INFAMIE

EN DROIT ROMAIN

PAR

EUGÈNE HEPP

AVOCAT, DOCTEUR EN DROIT

———

PARIS

AUGUSTE DURAND, LIBRAIRE, 7, RUE DES GRÈS

1862

STRASBOURG, IMPRIMERIE DE VEUVE BERGER-LEVRAULT.

DE LA

NOTE D'INFAMIE

EN DROIT ROMAIN.

[Dig., De his qui notantur infamia (III, 2); Cod., Ex quibus causis infamia
irrogatur (II, 12), *et* De infamibus (X, 57.)]

INTRODUCTION.

1. On s'exposerait à se faire une idée erronée de la nature
de l'infamie chez les Romains, on se placerait, pour l'étudier, à un faux point de vue, si l'on ne s'affranchissait,
pour juger cette institution, de la pensée qu'éveille aujour-
d'hui le sens que nous attachons aux mots *infamie, infâme,
infamant.*

Tout d'abord, il convient de présenter une observation
générale sur l'obscurité même dont l'origine historique de
cette matière est environnée. Les théories qui se sont pro-
duites à ce sujet reposent sur des fondements trop peu
précis pour mériter ce caractère d'autorité inhérent à une
vérité juridique. C'est qu'en nous retraçant le développement successif de cette institution, les textes ne nous disent
rien de son origine même, et les jurisconsultes, en nous la

H.   1

présentant toute formée, ne nous ont pas fait assister à sa formation. Si bien que les deux principales opinions que l'on a proposées sont l'une et l'autre également soutenables, et les présomptions à peu près d'égale force, soit en faveur de celle qui veut faire découler l'infamie du pouvoir des censeurs, ou de celle qui en cherche le germe dans les extensions apportées au Droit par les préteurs.

Pour mieux apprécier la valeur des deux systèmes en présence desquels nous nous trouvons, pour peser plus sûrement les arguments que l'on propose en faveur de l'un et de l'autre, il n'est pas inutile de rappeler d'abord les principaux caractères des attributions des censeurs et du préteur à Rome.

2. La censure, démembrement de la dignité consulaire, avait un caractère éminemment politique. Il suffit, pour s'en convaincre, de lire le passage si connu dans lequel CICÉRON énumère les différentes fonctions des censeurs (*De legib.*, III, 3). Une de leurs principales missions était de veiller au maintien des bonnes mœurs, d'une importance capitale dans une république, où la corruption gagne si rapidement le pouvoir quand ses représentants doivent se recruter dans un milieu dépravé.

L'opération du cens, qui donna son nom à la magistrature elle-même, fournissait périodiquement un moyen fort efficace pour atteindre ce but de moralisation. Les censeurs étaient armés d'un pouvoir absolu dans l'exercice de leurs fonctions, et jouissaient d'une liberté entière pour répartir les citoyens dans les différentes classes dont se composait le peuple. Ils étaient souverains appréciateurs des faits répréhensibles, et venaient ainsi en aide à la répression à une époque où la législation criminelle était encore si imparfaite et si formaliste. Par leur blâme (*animadversio*) ils atteignaient un grand nombre d'actes à l'égard desquels la loi pénale se trouvait désarmée et impuissante. — « Il y a de mauvais exemples qui sont pires que les crimes, et plus d'États ont péri parce qu'on a violé les mœurs que parce qu'on a violé les lois. » (Montesquieu, *Gr. et Déc. des Rom.*, chap. VIII.)

Le blâme des censeurs se manifestait ordinairement au renouvellement du cens, par le classement de l'individu dans un ordre inférieur, soit qu'un sénateur fût exclu du Sénat, un chevalier de la cavalerie, ou qu'un citoyen quelconque fût rangé dans la dernière des six classes établies par Servius Tullius. — Mais d'autres modes de réprimande étaient encore à leur disposition: je veux parler de la *nota seu suscriptio censoria* et de l'*ignominia*. — Je sépare à dessein, par des motifs qui seront expliqués tantôt, ces deux dénominations, qui paraissent cependant n'avoir désigné qu'une seule et même chose, mais sans doute à des degrés différents.

3. De ce qui précède il résulte que le blâme infligé par le censeur n'était que l'expression d'une appréciation personnelle du magistrat qui le prononçait, et ne pouvait sous aucun rapport être considéré comme le résultat d'une condamnation régulière. Or, c'est ici que nous rencontrons le pouvoir pondérateur de l'omnipotence censoriale. Si le censeur, pour pouvoir remplir ses hautes fonctions avec dignité et indépendance, était et devait être libre de réprimander, de *noter* tout citoyen, toutes les fois qu'il jugeait que sa conduite était un danger pour le maintien de l'ordre et des bonnes mœurs, son blâme cependant ne liait en aucune façon ni l'opinion publique, ni la liberté des autres magistrats. Bien plus, ce que l'un des censeurs avait fait, l'autre pouvait le défaire, et l'histoire offre quelques exemples de pareils conflits, issus d'inimitiés personnelles entre les deux magistrats du cens. Ni le peuple dans ses comices, ni le

Sénat, ni le préteur n'étaient tenus d'avoir égard à la note imprimée par les censeurs à un citoyen : celui-ci n'en restait pas moins apte à aspirer à toutes les fonctions, et pouvait être porté par le préteur sur la liste des *judices :* nous voyons même des *notati* arriver plus tard eux-mêmes à la censure.

4. Ici donc déjà nous ne trouvons pas ce caractère de jugement porté par l'opinion, attaché de nos jours aux peines infamantes. Sans doute, et dans les premiers temps surtout, les censeurs durent être portés à consulter le sentiment public, mais ils étaient libres aussi de le méconnaître, et d'infliger leur blâme à des actes qui ne répugnaient pas aux honnêtes gens.

Mais ce qui distingue profondément et par-dessus tout la note censoriale, ce qui la distingue de l'infamie elle-même telle qu'elle nous apparaît dès l'origine en Droit romain, c'est ce caractère d'instabilité que je signalais en dernier lieu ; cette absence, je ne dis pas de perpétuité, mais même de durée certaine, ce défaut de sanction qui lui enlève la force d'une réprobation publique pour n'en faire que l'expression d'une sorte de mésestime personnelle de la part du censeur vis-à-vis de la personne qu'il a notée. C'était là le côté faible de l'institution, mais cette défectuosité même était un remède à l'abus. Tant que le censeur n'était que l'organe de l'opinion, son blâme avait du moins une force morale, et l'on pouvait encore dire avec CICÉRON : «*Nota censoris importat ruborem.*» Mais quand le gouvernement de la République dégénéra en anarchie, quand, par la dépravation croissante de l'esprit politique, les magistratures n'étaient plus briguées que pour s'en faire une arme contre ses propres ennemis, quand les mœurs elles-mêmes se relâchèrent dans les luttes civiles qui précédèrent l'avénement de l'Empire, l'autorité des censeurs perdit son caractère, leur pouvoir répressif devint nul, car il était méprisé; et l'abus même le diminua au point de le détruire.

5. Il semble toutefois, d'après divers passages d'auteurs classiques, et notamment de CICÉRON, dans sa plaidoirie pour Cluentius (chapitres 42 à 47), qu'il y ait eu certaines catégories de faits ou d'actions réprouvés par les mœurs, dont les auteurs étaient réputés à jamais déshonorés et indignes de jouir des prérogatives du citoyen. C'étaient également les censeurs qui étaient chargés de prononcer une pareille indignité. Mais il y avait entre celle-ci et la *nota* cette différence qu'ici le magistrat n'était pas juge, mais simple exécuteur d'une sentence portée par l'opinion : c'est là le caractère par lequel l'*ignominia* paraît s'être distinguée de la *suscriptio censoria*. — J'examinerai plus loin s'il est exact de voir, avec SAVIGNY (*Syst. du Dr. rom.*, II, § 79), dans cette note d'une nature particulière, l'infamie proprement dite, telle que nous la trouvons mentionnée par les textes insérés au Digeste.

6. De tout autre nature que celle des censeurs était la mission du préteur. Appelé par ses fonctions, et dans un intérêt public, à fortifier, corriger et compléter les dispositions du Droit civil (*Fr. 7*, § 1, *D. 1*, 1) ce magistrat était investi d'une autorité absolue, dans la limite de ses attributions judiciaires. Son influence fut grande dans le développement de la législation romaine, car il sut se servir de ses pouvoirs de telle sorte que fréquemment il transforma entièrement le Droit. Annuellement, à son entrée en fonctions, le préteur publiait son programme, dans lequel il énonçait les principes et les règles suivant lesquels il administrerait la justice. De même qu'il déclarait ne juger les contestations que si elles se présentaient sous telles formes, par lui déterminées d'avance dans l'édit, de même il n'admettait les plaideurs à comparaître devant lui que s'ils satisfaisaient à certaines con-

ditions d'âge, de sexe, de capacité physique et de moralité que, par l'édit, il portait à la connaissance de tous les citoyens.

7. C'est dans ces mesures prises par le préteur, pour sauvegarder la dignité de l'autorité judiciaire (*Fr.* 1, *pr. D.* 3, 1), que je chercherai avec la majorité des auteurs l'origine de la note d'infamie. La justification de cette opinion nécessite certains développements dans lesquels nous pouvons entrer maintenant que j'ai indiqué le point de départ des deux systèmes opposés. Nos réponses aux critiques que l'on adresse à cette dernière manière de voir seront en même temps une réfutation de l'opinion contraire.

8. Dans la partie de l'édit relative à la postulation, le préteur avait établi trois classes distinctes de personnes auxquelles il refusait, d'une manière plus ou moins absolue, le droit d'agir en justice (*Fr.* 1, §§ 1 et 7 *D.* 3, 1).

La première de ces classes comprenait les personnes que le préteur déclarait complétement incapables de postuler : c'étaient les mineurs de 17 ans et les sourds (*Fr.* 1, § 3, *D.* 3, 1). Une pareille exclusion était inutile à l'égard des muets, que leur infirmité même mettait dans l'impossibilité de prendre part à une instance.

Dans une deuxième classe étaient rangées les personnes qui n'avaient accès auprès du préteur qu'autant qu'il s'agissait de débattre en justice leurs propres intérêts, et qui ne pouvaient sous aucun prétexte être constituées l'organe des tiers. C'étaient les femmes, les aveugles, et enfin les personnes que le texte désigne par l'expression *turpitudine notabiles*, terme qui comprend ceux *qui corpore muliebria passi sunt*, les *capitali crimine damnati*, et ceux *qui operas, ut cum bestiis depugnarent, locaverint* (*Fr.* 1, §§ 5 et 6, *D.* 3, 1).

Enfin, dans la troisième classe se trouvaient les personnes qui, bien qu'également incapables, d'une manière générale, de postuler pour autrui, pouvaient cependant représenter exceptionnellement leurs parents et certaines autres personnes que j'aurai l'occasion de citer plus loin. Voici quels étaient, à ce sujet, les propres termes de l'édit du préteur: «*Qui lege, plebis scito, senatus consulto, edicto, decreto principum, nisi pro certis personis postulare prohibentur, hi pro alio quam pro quo licerit, in jure apud me ne postulent.*» Et à la suite de ce texte, ULPIEN ajoute: «*Hoc edicto continentur etiam alii omnes qui Edicto Prætoris* UT INFAMES *notantur, qui omnes, nisi pro se et certis personis, ne postulent.*» (*Fr.* 1, § 8, *D.* 3, 1.)

9. C'est sur ce dernier passage que repose toute la controverse, et les auteurs qui cherchent l'origine de l'infamie dans le pouvoir des censeurs, aussi bien que ceux qui prétendent qu'elle est de création prétorienne, veulent trouver dans ce texte un argument décisif en faveur de leur opinion. Les premiers traduisent: «Le préteur rangea également au nombre des incapables de la troisième classe tous ceux qui étaient infâmes,» mentionnant par ce mot une catégorie de personnes qu'il ne créait pas, qui existait déjà et qu'il se bornait à reconnaître et à consacrer par l'incapacité qu'il prononçait contre les individus infâmes. — Les partisans du système opposé traduisent plus exactement et avec plus de raison, selon moi: «Dans cette troisième classe rentraient également toutes les autres personnes que le préteur, dans son édit, avait déclarées infâmes;» — d'où ils concluent que l'infamie elle-même tirait son origine de l'édit du préteur.

10. On élève contre cette dernière interprétation plusieurs objections que j'examinerai immédiatement. Vous confondez, nous dit-on, la cause et l'effet; vous attribuez au préteur une institution que celui-ci a trouvée toute faite, et qu'il n'a que confirmée dans la limite de ses pouvoirs, en déniant aux infâmes le droit de paraître devant lui. Comment d'ailleurs, ajoute-t-on, admettre qu'une chose aussi grave que le dés-

honneur ait été considérée juridiquement au seul point de vue du droit de... postuler! Comment enfin supposer que, pour désigner une conséquence, sérieuse sans doute au point de vue auquel se trouvait placé le préteur, mais en somme cependant si minime, celui-ci ait pu employer cette expression si grave d'*infamie?* (SAVIGNY, *op. cit.*, § 78.)

11. Je répondrai tout d'abord à cette dernière objection. Il ne faut pas, je l'ai déjà dit, nous placer pour étudier cette matière en Droit romain, surtout dans son origine, au point de vue de nos idées modernes, en appliquant aux mots un sens qu'ils n'avaient pas alors. — Or, l'expression *infamis* n'avait probablement à l'origine d'autre signification que celle de *cui non licet fari.* Je ne sais si cette étymologie, analogue, comme on le voit, à celle que l'on attribue aux mots *fas, nefas, infans, infantia,* a jamais été proposée, ni même si elle est conforme aux règles de la philologie, mais elle me paraît d'accord avec l'idée d'*infamie,* telle qu'elle semble nous être présentée par certains fragments, et met fin, si elle est exacte, à toute la controverse que j'examine en ce moment. Cette explication, que je propose de la signification primitive des mots *infamia, infamis,* ne doit du reste pas surprendre: nous trouverons dans notre sujet même des exemples analogues. — Comme les mots *improbus, intesta-bilis,* ces expressions prirent par la suite un sens beaucoup plus étendu, et fort détourné de leur signification originaire. (Cpr. n° 118.)

12. Ainsi se trouvent détruites toutes les autres objections que je citais plus haut, et ainsi nous répondrons encore que si le préteur semble distinguer, et distinguait en effet les *infames* des *turpitudine notabiles,* c'est que ces deux catégories de personnes ne pouvaient être confondues, car leur origine n'était pas la même. Peut-être faut-il voir dans les *turpitudine notabiles* les individus que je mentionnais comme

étant notés d'ignominie par les censeurs à raison de leurs mœurs, et que le préteur écartait dès lors à bon droit de son tribunal, tandis qu'il formait d'autre part lui-même une toute nouvelle classe de personnes, dont la conduite, quoique répréhensible en fait, était restée jusque-là à l'abri de toute réprobation légale. — Il les énumérait à la suite des individus qu'il privait, pour les autres causes que j'ai citées, du droit de postuler. C'est ce qui expliquerait, par exemple, pourquoi nous ne trouvons pas au nombre des infâmes prétoriens les *publico judicio damnati :* ils étaient déjà compris par le préteur dans la deuxième classe des incapables. La liste des personnes déclarées infâmes par le préteur dut sans doute s'étendre peu à peu, et ne fut probablement pas dès l'origine aussi complète que nous la trouvons au Digeste, dans le texte de l'édit perpétuel. (*Fr. 1, D. 3, 2.*)

13. Mais en dehors de l'argument que je tire de l'étymologie que j'ai proposée, notre système s'autorise encore de la place que la matière de l'infamie occupe aux Pandectes et au Code. — Dans les deux recueils, les titres relatifs à la note d'infamie sont placés au nombre de ceux qui traitent de matières judiciaires, et particulièrement de la postulation. Bien plus, le titre *De postulando* au Digeste se termine par ces mots : «*Qui autem inter infames sunt sequenti titulo explanabitur.*» (*Fr. 11, § 1, D. 3, 1.*) Ce qui prouverait jusqu'à un certain point, que sous JUSTINIEN encore, quand furent compilées les lois du Digeste et du Code, l'idée première attachée à la note d'infamie n'avait pas entièrement disparu, et que l'incapacité de postuler était encore considérée comme l'un des principaux effets qu'elle entraînait.

14. Nos adversaires répondent que l'argument puisé dans la place qu'occupent les textes n'est d'aucune valeur ; que si le préteur a pris soin d'énumérer les différentes personnes

notées d'infamie, ce n'était que pour prévenir des incertitudes ou des erreurs; que probablement la liste de ces
personnes se trouvait placée dans l'édit, non pas dans un
titre spécial, mais immédiatement à la suite de la disposition
qui déclarait les infâmes incapables de postuler; qu'il était
tout naturel de ne plus comprendre dans cette liste des personnes qui avaient déjà été mentionnées dans la deuxième
classe des incapables sous le nom de *turpitudine notabiles*,
et qui, bien que placées dans une autre catégorie, n'en
étaient pas moins infâmes; que les expressions « *edicto notatur* » et autres semblables que l'on trouve dans les textes
n'ont été employées par les jurisconsultes que pour allier
plus de concision à plus d'exactitude, car, dit-on, l'édit du
préteur ayant été le premier document écrit qui énumérât
d'une manière complète les personnes réputées infâmes,
il était fort naturel de s'en référer purement et simplement à
la liste dressée par le préteur. (Sav., *op. et loc. cit.*)

15. La réfutation de la plupart de ces objections résulte
déjà de ce qui a été dit plus haut; il n'est pas difficile de
répondre aux autres. Je veux bien admettre pour certains
textes, tels que le Fr. 5, § 2, D. 50, 13, et le Fr. 2, pr.
D. 37, 15, qu'on nous objecte, l'interprétation que l'on
donne des expressions employées par les auteurs, mais il ne
me paraît pas possible d'accepter cette explication d'une
manière générale, si l'on observe le mode de raisonnement
ordinairement suivi par les jurisconsultes dans les textes que
nous trouvons au titre du Digeste : *De his qui infamia notantur* (3, 2). Dans leurs commentaires sur cette partie de
l'édit, ils se servent dans maints passages de termes qui
prouvent qu'ils discutaient une véritable création du préteur. V. p. ex. Fr. 8, D. 3, 2. De semblables locutions sont
d'autant plus dignes d'attention qu'à l'époque où écrivaient
ces jurisconsultes, l'institution primitive s'était déjà consi-

dérablement modifiée par suite de développements successifs dont je vais essayer de rechercher les traces.

16. Tant que le pouvoir qu'exerçaient les censeurs ne fut pas dégénéré, tant qu'il conserva quelque influence sur le maintien des bonnes mœurs, il s'exerça et produisit ses effets indépendamment de toute autre institution analogue, soit que les censeurs usassent de la faculté qu'ils avaient de distribuer les citoyens comme bon leur semblait dans les différentes classes du peuple, soit qu'ils recourussent à la simple réprimande sous forme de *nota* ou *suscriptio*, ou, enfin, à la note plus sérieuse de l'ignominie, qui paraît avoir été réservée pour ceux dont la conduite était réprouvée par l'opinion publique elle-même. — Comme tout blâme émanant des censeurs, l'ignominie produisait des effets exclusivement politiques, qui étaient la perte du droit qu'avait tout citoyen de prétendre aux honneurs et dignités, et du droit d'émettre son vote dans les assemblées du peuple (*jus suffragii*). Les mots qui exprimaient une pareille indignité étaient *ignominia*, *ignominiosus*, et peut-être aussi *famositas* et *famosus*. (*V. Fr. Vat.*, § 324.)

17. L'infamie, au contraire, émanant de la juridiction prétorienne, ne produisait d'effet, à l'époque dont je parle, qu'en matière judiciaire. Celui que le préteur avait déclaré infâme perdait tout d'abord le droit d'agir en justice, et ce n'était qu'exceptionnellement que le préteur consentait à l'entendre; comme conséquence, une personne ainsi notée devenait également incapable de porter une accusation publique, droit qui constituait une des prérogatives du citoyen romain.

18. Mais la note d'infamie ne dut pas conserver longtemps ce caractère exclusif, ou du moins les deux institutions ne durent pas tarder à se combiner, en exerçant l'une sur l'autre une influence réciproque, soit que les faits que le

préteur avait jugés de nature à devoir entraîner l'infamie,
fussent par la suite aussi déclarés ignominieux par les censeurs, soit pour toute autre cause. — Cette influence est
déjà fort sensible à l'époque où César fit rendre la loi *Julia
municipalis* (an de Rome 709) que nous a conservée la Table
d'Héraclée, car cette loi range au nombre de ceux qu'elle
déclare incapables de jouir de certains droits politiques, la
plupart des personnes que le préteur avait notées d'infamie.
A cette même époque la censure avait déjà subi le sort des
autres magistratures politiques, considérablement affaiblies
à partir de Sylla. C'est donc vers la période des guerres civiles que l'on peut placer le commencement de la métamor-
phose qu'éprouva la note d'infamie. La transformation fit de
nouveaux progrès quand les empereurs, absorbant en leur
pouvoir les principales magistratures, exercèrent les attributions des censeurs sous le titre de *magistri morum*. Le
contrôle émanant à l'avenir d'une autorité perpétuelle, soit
directement, soit par le pouvoir accordé à des magistrats
dont la nomination ne relevait plus du peuple, mais de
l'empereur lui-même, l'ancienne *animadversio* des censeurs,
infligée à partir de cette époque par l'empereur ou ses dé-
légués, prit tout naturellement un caractère de perpétuité
qui lui avait manqué jusqué-là, car l'empereur seul avait le
pouvoir de lever une peine que lui seul pouvait infliger. —
De ce moment la distance qui séparait l'ignominie de l'infamie devint moins sensible encore : elle disparut entièrement
dès que les empereurs s'arrogèrent également le droit de
déterminer de nouveaux cas d'infamie et d'étendre ainsi les
effets de l'institution, en l'appliquant à des faits et à des personnes qu'elle n'avait pas atteints jusqu'alors. La première
extension de ce genre fut établie par les lois Papiennes rendues sous Auguste : ces lois, en attachant à l'infamie des
effets civils, l'appliquèrent également aux femmes, à l'égard

desquelles cette note n'avait pas d'objet tant que son but n'était que purement judiciaire. Il faut remarquer cependant que d'après les textes, la loi Julia *de maritandis ordinibus* n'employait pas le mot *infamis*, mais l'expression *famosa*, ce qui semble indiquer que l'assimilation de l'ignominie et de l'infamie n'était pas encore parfaite à l'époque où cette loi fut rendue (an de Rome 757). — Mais une pareille distinction ne se retrouve plus sous les successeurs d'Auguste; les deux institutions se confondirent en une seule entre les mains des empereurs; l'expression d'*ignominia*, qui rappelait le pouvoir des censeurs, céda la place à la dénomination d'*infamia* qui avait peu à peu absorbé en elle l'idée générale de honte et de déshonneur, en produisant à la fois tous les effets politiques de l'*ignominia* censoriale, les effets judiciaires de l'infamie prétorienne, et de nouveaux effets civils qui y furent attachés par des lois postérieures. — Ainsi s'explique pourquoi ce n'est qu'exceptionnellement que nous rencontrons dans les textes les mots *ignominia*, *ignominiosus*, qui alors sont pris pour synonymes d'*infamia*, ce dernier mot rendant maintenant à la fois les deux idées. C'est à ce point de vue seulement qu'il est exact de dire que l'infamie, telle que nous la trouvons formée à l'époque classique, avait pour origine l'ignominie infligée par les censeurs. Dans la fusion qui s'était opérée, l'institution avait emprunté à la note des censeurs le caractère ignominieux et les effets politiques; elle avait gardé de l'infamie prétorienne la dénomination et les conséquences judiciaires, auxquelles vinrent se joindre enfin des incapacités civiles. C'est ainsi transformée que nous trouvons la note d'infamie dans les textes, et que nous aurons à l'étudier. Mais avant d'aborder cette étude, plusieurs observations générales doivent encore trouver place ici.

19. Différents auteurs, partant de l'idée d'infamie, ont

prétendu que le Droit romain reconnaissait un *status existimationis* distinct du *status civilis*. Une pareille assertion est absolument inexacte. L'*existimatio* était à Rome une idée purement de droit civil, n'ayant aucun rapport avec le *jus gentium*. Cette idée était intimement liée à la qualité de citoyen romain, et était représentée par la *dignitas*, qui ne pouvait appartenir qu'à celui qui, faisant partie intégrante du peuple, participait à la *majestas populi romani*. — Si bien que d'une part l'étranger ne jouissait d'aucune *existimatio*, et que d'autre part celle-ci ne pouvait subir une atteinte sans que le droit de cité en souffrît aussitôt. Sans *existimatio* pas de *civitas*, sans *civitas*, pas d'*existimatio*. C'est ce qui apparaît clairement dans la définition que nous en donne CALLISTRATE : EXISTIMATIO *est* DIGNITATIS ILLÆSÆ STATUS, *legibus et moribus comprobatus, qui ex delicto nostro auctoritate legum aut* MINUITUR *aut* CONSUMITUR (*Fr.* 5, § 1, *D.* 50, 13). Et CICÉRON, dans un passage dans lequel il semble vouloir résumer tous les attributs et priviléges du citoyen romain, s'exprime ainsi : *Retinete istam possessionem gratiæ, libertatis, suffragiorum,* DIGNITATIS, *urbis, fori, ludorum, festorum dierum, cæterorum omnium commodorum.* (*De lege agrar.*, II, 19.)

20. L'*existimatio* était donc chez les Romains une partie inséparable du *status civilis*; elle ne pouvait diminuer ou s'éteindre que par suite d'une peine infligée à l'individu. « *Pœna*, nous dit ULPIEN, *non tantum pecuniaria, verum capitis et* EXISTIMATIONIS *irrogari solet* (*Fr.* 131, § 1, *D.* 50, 16). Et CALLISTRATE établit longuement et à l'aide d'exemples, au fragment que j'ai cité, la différence entre l'*existimatio consumpta* et l'*existimatio minuta*. Cette théorie se rapporte à la très-importante distinction des peines en capitales et non capitales (*Fr.* 28, *pr.* § 1, *D.* 48, 19).

Les peines non capitales, c'est-à-dire celles qui n'avaient

pas pour effet de faire perdre, soit la vie, soit la liberté, soit le droit de cité, étaient ou bien de simples amendes ou peines pécuniaires, qui ne portaient aucune atteinte à l'honorabilité de la personne qui les avait encourues (*C.* 1, *C.* 1, 54), ou bien des peines afflictives de nature diverse, ayant pour effet de léser plus ou moins l'honneur de l'individu qui en avait été frappé : on les désignait sous l'expression de *pœnæ existimationis* ou *ad existimationem pertinentes* (*Fr.* 5 et 28, § 1, *D.* 48, 19). Tandis que les peines capitales anéantissaient entièrement l'*existimatio* par la raison qu'elles avaient toujours pour conséquence de faire perdre au condamné tout au moins le droit de cité, auquel, ainsi que je l'ai dit, l'*existimatio* était intimement liée, les peines non capitales, au contraire, ne faisaient que diminuer cette *existimatio*, et à des degrés différents suivant la nature de la peine. — Il est d'autant plus important de ne pas perdre de vue cette distinction que dans le langage ordinaire elle n'était pas toujours observée. — Par un abus de mots, fort explicable d'ailleurs, on en était arrivé à appliquer l'expression de *capitales* ou *capitis* aux peines qui n'étaient qu'*existimationis*, en interprétant toute lésion de l'honneur d'un individu comme une atteinte portée au *caput* lui-même (*V.* Cic. *Pro Rosc. Com.*, ch. 6; *Fr.* 12, § 4, *D.* 48, 2). Modestin exprime cela fort clairement au Fr. 103, D. 50, 16.

L'infamie était de toutes les *existimationis minutiones* la plus importante, comme produisant les effets les plus généraux et les plus sérieux. Il faut remarquer cependant que dans les cas où elle était attachée à un jugement, elle ne constituait pas par elle-même une peine principale qui pût naître d'une condamnation : elle n'était jamais qu'une conséquence d'une autre peine, fût-elle simplement pécuniaire (§ 2, *Inst.* 4, 18; *Fr.* 8, *pr. D.* 48, 19; *C. unic.*, *C.* 9, 21.)

21. Les autres peines qui, sans éteindre l'*existimatio*,

avaient cependant pour effet d'y porter une atteinte plus ou moins sérieuse, étaient (*Fr.* 28, § 1, *D.* 48, 19; *Fr.* 5, § 2, *D.* 50, 13):

1° *La rélégation.* Temporaire ou perpétuelle, cette peine ne faisait jamais perdre le droit de cité (*Fr.* 7, § 3, *D.* 48, 22). Mais pendant toute sa durée, les droits dont jouissait le condamné en tant que citoyen étaient suspendus. A cela ne se bornaient pas cependant les effets de la rélégation. Car celui qui avait subi une pareille condamnation ne pouvait, à l'expiration de la peine, être réintégré dans ses dignités, ni en acquérir de nouvelles que par une dispense de l'Empereur, à moins que la peine n'ait été prononcée contre lui à une époque où son âge ne lui permettait pas encore d'aspirer aux honneurs. (*Fr.* 13, *pr.* § 1, 2, *D.* 50, 2.)

2° *La condamnation à temps* IN OPUS PUBLICUM. Elle ne faisait perdre ni la liberté ni le droit de cité, mais après l'expiration de la peine, et par suite d'une disposition tout exceptionnelle, le condamné était noté d'infamie (*C.* 6, *C.* 2, 12). Si la condamnation était perpétuelle, il y avait, comme dans le cas de déportation, perte du droit de cité, et dès lors la note d'infamie était sans objet. (*Fr.* 17, § 1, *D.* 48, 19.)

3° *Dignitatis depositio,* — *alicujus actus prohibitio* (*Fr.* 8, *pr. D.* 48, 19). On peut ranger sous ces expressions d'ULPIEN, l'exclusion du sénat, de l'ordre des décurions ou des avocats, et l'interdiction des *honores* en général (*Fr.* 5, § 2, *D.* 50, 13). De pareilles exclusions pouvaient résulter de diverses causes, et être prononcées soit d'une manière absolue et définitive, soit pour un temps plus ou moins long. Si elles étaient provoquées par un fait qui par lui-même entraînait l'infamie, cette note restait attachée au condamné lors même qu'à l'expiration du temps pour lequel l'exclusion avait été prononcée, il était de nouveau admis dans l'ordre dont il avait été temporairement expulsé ; mais l'exclusion par elle seule n'avait pas pour effet de rendre infâme celui qui la subissait. (*Arg. C. 1. C.* 10, 59, cbn. *Fr. 3. § 1, D.* 50, 2, *Fr.* 8, *D.* 3, 1. — V. encore *Fr.* 2, *D.* 1, 9; *Fr.* 9, *pr. à § 9, D.* 48, 19; *Fr.* 9, *D.* 3, 1; *Fr.* 7, *§* 21 *et* 22, *D.* 48, 22.)

4º *Ictus fustium.* Cette peine, qui ne pouvait d'ailleurs être infligée aux citoyens appartenant à une classe élevée (*Fr.* 10, *pr. Fr.* 28, *§§* 2 *et* 5, *D.* 48, 19; *C.* 5, *C.* 2, 12), avait pour unique effet de rendre pour l'avenir inhabile ou du moins *moins* habile à certaines fonctions et dignités, par exemple, à la charge de décurion, ainsi qu'on peut l'inférer d'une manière générale de la teneur du *Fr.* 12, *D.* 50, 2. Mais il est certain, tant d'après ce texte, que d'après les expressions plus précises encore dont se servent le *Fr.* 22, *D.* 3, 2, et la Const. 14, *C.* 2, 12, que cette peine ne rendait pas par elle-même infâme la personne à qui elle était infligée. Il était en effet de règle que l'infamie ne pouvait intervenir (à une exception près, que j'examinerai par la suite, nº 68), — que si elle était formellement attachée par la loi, soit à la nature même de la condamnation (ce qui n'est pas le cas ici), soit directement à une action ou à un fait considéré en lui-même.

22. Ces derniers mots indiquent l'ordre que je suivrai dans l'examen des cas d'infamie en Droit romain. Cette division, adoptée par la plupart des auteurs qui ont écrit sur cette matière, et observée en fait par ceux-là mêmes qui l'ont critiquée en principe (SAVIGNY, *op. cit.,* § 78 cbn. § 79), range les cas d'infamie en deux classes distinctes. La première de ces classes comprend ce que l'on a désigné par l'expression de *infamia mediata,* c'est-à-dire les cas où l'infamie n'existe que par suite d'un jugement de condamnation auquel elle est attachée. Dans la deuxième classe on

H.   2

range sous le titre de *infamia immediata* les cas où l'infamie est une conséquence directe et immédiate du fait même auquel elle est attachée par la loi.

Quoique ces expressions, imaginées par les commentateurs, ne se rencontrent nulle part dans les textes, la division en elle-même est cependant exacte, et correspond fort bien à la distinction établie par les termes mêmes de l'édit du préteur, où il est dit tantôt : « *Notatur* qui fecerit » (*infamia immediata*), tantôt : « *Notatur* qui damnatus erit » (*infamia mediata.*)

23. Une autre division dont on trouve trace dans les textes (*C.* 13, *C.* 2, 12), mais qui est cependant moins juridique que la précédente, place à côté de l'infamie proprement dite, qui prend alors le nom d'*infamia juris*, ou infamie établie par une disposition expresse de la loi, une autre espèce d'infamie qui, sous la dénomination d'*infamia facti*, comprend une série de situations distinctes qui, sans être formellement établies par la loi, sont cependant consacrées par elle en ce sens qu'elles entraînent des incapacités juridiques plus ou moins importantes. Tandis que dans l'*infamia juris* tout est rigoureusement prévu et spécifié par la loi, la détermination des cas où il y a *infamia facti* dépend ordinairement de l'opinion des gens de bien (*Arg. Fr.* 2, *pr. D.* 37, 15; cpr. *C.* 12, § 1, *C.* 9, 47). Cette dernière catégorie, que l'on subdivise encore en *turpitudo* et *leves notæ* ou *levis notæ macula*, comprend les *turpes*, les *humiles* et les *viles*, dont je devrai accessoirement m'occuper aussi, car l'atteinte qu'avait subie l'honorabilité de ces personnes réagissait, comme pour l'infâme, sur leur capacité juridique. L'appellation d'*infamia facti* est plus particulièrement appliquée par les auteurs à la *turpitudo* (n° 144).

24. Il est à peu près impossible de donner une bonne définition de notre sujet; aucune de celles que l'on a tentées ne

remplit les conditions voulues, car on ne saurait comprendre, dans le nombre restreint de mots en dehors desquels la définition cesse et l'exposé commence, les hypothèses variées qui peuvent se présenter. On a vu, en effet, d'après l'exposé qui précède, que tout autre était l'infamie sous le droit prétorien, et tout autre sous les empereurs. Aussi, ne serait-il pas plus exact de dire avec SAVIGNY (*op. cit.*, § 79), que l'infamie était la perte des droits politiques attachés au titre de citoyen, qu'il ne serait vrai de la définir d'une manière plus générale avec d'autres auteurs : La tache subie à raison d'un fait déshonnête, ou encore : La privation de l'honneur (*fama*) et des droits qui en dépendent. Même en partant de la définition que CALLISTRATE nous donne de l'*existimatio* (*Fr.* 5, § 1, *D.* 50, 13), on ne peut donner de l'infamie que cette idée fort vague, mais cependant la plus précise de toutes : elle est une *minutio existimationis*.

Ce n'est qu'en étudiant cette matière dans son ensemble et dans son développement historique, au triple point de vue des cas qui donnent naissance à la note d'infamie, des effets qu'elle produit, et de ses modes d'*extinction*, qu'il est possible d'acquérir une notion exacte des différences qui distinguaient l'infamie proprement dite des autres *pœnæ existimationis* dont j'ai parlé plus haut, et des diverses espèces d'*infamia facti*, dont je dirai quelques mots à la fin de cette étude.

25. La grande variété d'expressions qu'ont employées les jurisconsultes pour caractériser soit l'infamie proprement dite, soit l'infamie de fait, n'est pas une des moindres sources d'incertitudes et d'erreurs en cette matière. Je ne citerai que quelques exemples ; ils sont innombrables dans les textes. Ainsi, par opposition à *integra persona — homo integræ famæ ; — inviolatæ — integræ atque illibatæ existimationis ; — honestæ et inculpatæ vitæ ; — optimæ — probatæ*

atque integræ opinionis, on trouve tour à tour *infamis*, *famosus, ignominiosus, notatus, notabilis*. — Puis encore *maculam* ou *notam subire infamiæ ;* — *labem pudoris contrahere ;* — *ignominiæ pœna notari ;* — *perennibus notis* ou *perpetua infamia inuri ;* — *opinionem amittere ;* — *famæ existimationem lædere ;* — *existimationis metus imminet*. Puis enfin : *infamia, gravis infamia, famositas, ignominia, probrosæ notæ, existimationis jactura detrimentum* ou *damnum famæ*, etc.

26. La théorie de la note d'infamie chez les Romains diffère si complétement des règles qui chez nous régissent les peines infamantes que cette étude n'a plus guère pour nous qu'un intérêt historique. Il en est autrement en Allemagne. Aussi la bibliographie de ce sujet n'offre-t-elle aucun ouvrage moderne français, tandis qu'elle est riche en traités allemands.

On peut consulter sur cette matière : BECKER, *De dignitate, honoribus, existimatione*, 1789 ; — BODIN, *Diss. jur. circa infamiam*, Halle, 1710 ; — BURCHARDI, *De infamia ex disciplina Romanorum*, Kilon. 1849 ; — BRUNEMANN, *Comm. ad Pandect.* (III, 2) *et ad Codic.* (II, 12) ; — DABELOW, *Handbuch der Pandekten* (Manuel des Pand.), III, p. 59-143 ; Halle, 1818 ; — DONEAU, *Comm. jur. civ.* XVIII, ch. 6-8 ; — FREHER, *De fama et existimatione* ; Basil., 1519 ; — FEUERBACH, *Lehrbuch des peinl. Rechts* (Traité du Droit pénal), § 71 ; Giessen, 1812 ; — VAN GEUNS, *Diss. de infam. legib. Rom. constituta, Traj. ad Rhen.*, 1823 ; — GLÜCK, *Erläuterung der Pandekten* (Explic. des Pand.), 5e partie ; — HAGEMEISTER, *Ueber den wesentl. Untersch. zw. der röm. Inf. u. der deutschen Ehrlosigk.*, dans le *Civilistisches Magaz.* de Hugo ; Berlin, 1812, t. III, n° 8, p. 163-182 ; — HÜBNER, *Ueber Ehre und Ehrlosigk.* (De l'honneur et du déshonn.), Leipzig, 1800 ; — KÆSTNER, *De fama, hujus amissione et restitutione*, Lips., 1730 ; — LAUTERBACH, *Colleg. Pandect.*,

t. Iᵉʳ, III, 2 ; — MACKELDEY, *Lehrb. des röm. Rechts* (Traité du Droit romain), §§ 122-3 ; — MAREZOLL, *Ueber die bürgerliche Ehre, ihre gänzliche Entziehung und theilweise Schmälerung* (De l'honneur civique, et de son extinction totale ou partielle), Giessen, 1824 ; — MOLITOR, *De minuta existimatione ex jure romano*, Lovan. 1824 ; — MÜHLENBRUCH, *Doctrina Pandect.*, §§ 189-192 ; — SAVIGNY, *Syst. des htg. röm. Rechts* (Système du Droit romain), Berlin, 1840. T. II, §§ 76-82, et appendice VII à la fin du même volume ; — SELCHOW, *Selecta capita doctr. de infam.* Gött. 1770, in-4° ; — THOMASIUS, *De existimat. famæ et infam.* Halle, 1734 ; — DE VANGEROW, *Leitfaden für Pand. Vorlesungen* (Guide pour un cours de Pandectes), §§ 46-52 (1ᵉʳ volume, 1ʳᵉ partie, 3ᵉ édition, 1843, pages 60-78) ; — WALTER, *Ueber Ehre und Injur. nach ræm. Recht* (De l'honneur et de l'injure d'après le Droit romain), dans les Nouvelles Archives du Droit criminel (*Neues Archiv. des Kriminalrechts*), t. IV, articles 5 et 12 ; — WELCKER, *Jurist. Encyclop.* (Encyclopédie juridique), pages 244 et suivantes ; — ZIMMERN, *Rechtsgeschichte* (Hist. du Droit), t. I, §§ 127 à 130.

PREMIÈRE PARTIE.

DE L'INFAMIE PROPREMENT DITE.

(INFAMIA JURIS.)

CHAPITRE PREMIER.

Des faits qui entraînent la note d'infamie.

SECTION PREMIÈRE.

Cas dans lesquels l'infamie ne peut intervenir que par suite d'une condamnation.

(Infamia mediata.)

27. Les cas dans lesquels l'infamie est subordonnée à une condamnation, et attachée au jugement même qui prononce cette condamnation, résultent soit des crimes jugés en instance publique (*judicia publica*), soit de certains *delicta extraordinaria* ou *privata*, soit enfin de certains contrats et du quasi-contrat de tutelle. L'examen de ces quatre sources d'infamie fera l'objet des quatre paragraphes suivants.

§ 1. Des **judicia publica** envisagés au point de vue de la note d'infamie qui en résulte.

28. Il est nécessaire ici de rappeler quelle fut, chez les Romains aux diverses époques du droit, l'organisation judiciaire en matière criminelle.

Avec la République, la juridiction criminelle avait passé des rois aux consuls. Mais ils perdirent une partie de ce pouvoir du jour où une loi, proposée par Valérius Publicola, (*Lex Valeria de provocatione*), en autorisant l'appel au peuple, leur retira le droit de frapper un citoyen d'une peine capitale avant que le peuple lui-même se fût prononcé (*Fr. 2, § 16, D. 1, 2*). Au lieu de décider dans la cause, le peuple ne tarda pas à déléguer ce soin, par une loi rendue spécialement dans les comices pour chaque affaire criminelle qui lui était soumise, à une commission, prise dans l'origine par la voie du sort, au sein du sénat, et qui devait juger d'après les termes de la loi de renvoi rendue par le peuple. Quand de temporaires et spéciales qu'elles étaient, ces commissions devinrent perpétuelles, au commencement du VIIe siècle de Rome (605), quand l'institution des *Quæstiones perpetuæ*, qui n'avait d'abord été introduite que pour le crime de concussion, se généralisa, et que le peuple, par des *leges publicorum judiciorum*, délégua ainsi d'une manière permanente ses pouvoirs pour le jugement de tous les crimes donnant droit d'accusation à chaque citoyen, il se forma une nouvelle procédure criminelle (*ordo publicorum judiciorum*), rigoureusement déterminée pour chaque nature de crime par la *lex* relative à ce genre de crime, et le coupable condamné d'après une pareille loi, dont il n'était pas permis aux juges d'excéder les termes, était censé condamné par le peuple lui-même. Il fut dès lors fort naturel d'attacher à une semblable condamnation une idée d'opprobre et de déshonneur.

C'est en effet ce qui arriva. Quand, ce qui était l'exception, le crime prévu et puni par une *lex publicorum judiciorum* n'entraînait pas une peine capitale, dont la conséquence était toujours l'extinction totale de l'*existimatio* (n° 20), le condamné encourait, comme accessoire de la peine, et comme suite directe de la nature du jugement, la réprobation publique. — Sans perdre la qualité de citoyen, il en perdait certaines prérogatives, telles que le droit aux honneurs et aux dignités, et celui de voter dans les assemblées du peuple. Le préteur y ajouta l'incapacité de postuler, en comprenant, comme nous l'avons vu, ces personnes au nombre des *turpitudine notabiles* (n° 12). Car l'infamie, dans le sens que ce mot eut sous l'Empire, venait ici de la loi, et non du préteur ; ce n'était pas une *infamia* dans le sens étymologique que j'ai donné à ce mot (n° 11), mais une *ignominia,* et c'est ce qui explique pourquoi les individus qui ont subi une condamnation *judicio publico* ne sont pas mentionnés dans la liste des infâmes dressée par le préteur (n° 12). Ce ne fut qu'à la suite de l'extension que prit l'institution de l'infamie, par la fusion qui s'était opérée entre elle et l'ignominie, que le mot *infamis* fut appliqué aux *judicio publico damnatis.*

29. Comme dans le Droit civil, on rencontre dans le Droit criminel romain, à côté de la procédure régulière, une procédure *extra ordinem*. La différence résultait exclusivement ici de l'existence ou de la non-existence d'une *lex judiciorum publicorum*, abstraction faite de la nature de la peine et de l'étendue de l'action. Ce ne fut que postérieurement, quand il ne resta plus des *judicia publica* que le nom, qu'on put les définir : *quorum cuivis ex populo executio datur* (§ 1, *Inst. IV*, 18) ; mais ce n'était pas là leur caractère essentiel : nous en avons pour preuve cette disposition de Constantin qui, par des motifs d'ordre public, restreignit le droit d'accusation relativement à l'adultère, sans que pour cela ce

crime cessât d'être *delictum publicum* (*C.* 30, *C.* 9, 9.) Au contraire, aussi longtemps que l'*ordo judiciorum publicorum* se maintint, la seule différence était celle que j'ai indiquée: on opposait les *delicta extraordinaria* aux *admissa, crimina seu delicta legitima,* c'est-à-dire à ceux qui, étant prévus par une *lex,* étaient punis d'une *pœna legitima.* Cela résulte très-clairement des termes employés par les *Fr.* 3, *D. 47,* 11 ; 3, *D. 47,* 20; 1, *D. 48,* 1, et *C.* 1. *C.* 3, 15.

30. Voici comment la chose prit naissance. Il devait nécessairement arriver, et ceci se présenta déjà sous la République, que les lois par lesquelles le peuple avait délégué son pouvoir pour le jugement de chaque nature de *delicta publica* fussent insuffisantes pour permettre une répression efficace, et cela d'autant plus qu'en vertu du formalisme qui caractérisait à cette époque la procédure romaine, le juge était tenu de se renfermer rigoureusement dans les termes de la loi. Pour parer à cet inconvénient, des sénatus-consultes, et plus tard des constitutions impériales vinrent interpréter et étendre ces lois, et introduire ainsi des peines qui devaient être prononcées *extra ordinem,* car les délits auxquels elles étaient appliquées n'étaient pas prévus par les lois rendues par le peuple.

31. Quand plus tard les empereurs s'attribuèrent successivement les principales magistratures qu'avait créées la République, l'ancien ordre de choses fut encore plus profondément modifié. La juridiction criminelle se partagea entre les magistrats placés à la tête de l'*ordo judiciorum publicorum* et l'empereur, assisté de nouveaux fonctionnaires, particulièrement du préfet de la ville (*Fr.* 1, *pr. D.* 1, 12). Mais tandis que les premiers étaient toujours liés par la loi, de laquelle ils tiraient leur autorité même, toutes les causes qui étaient de la juridiction impériale se jugeaient *extra ordinem.* En même temps, la législation pénale tout entière se ré-

formait, et certaines *leges publicorum judiciorum*, telles que la *lex Cornelia majestatis*, la *lex Calpurnia repetundarum* et la *lex Plautia de vi*, disparaissaient entièrement pour faire place à des lois nouvelles.

La procédure *extra ordinem* remplaça ainsi peu à peu les *judicia publica*. Mais si le mode de procéder changea (à une époque d'ailleurs difficile à déterminer, mais qui, d'après l'époque où écrivait Paul, et les termes employés par ce jurisconsulte, doit fort probablement se placer vers la fin du règne des Antonins, au moment où la jurisprudence classique était à son apogée), on ne cessa pas, pour cela, d'appliquer les peines déterminées par les anciennes *leges publicorum judiciorum.* « *Ordo exercendorum publicorum capitalium*, nous dit Paul, *in usu esse desiit, durante tamen pœna legum, cum extra ordinem crimina probantur* » (*Fr.* 8, *D. de jud. publ.* 48, 1). Toute la procédure observée pendant la période des *quæstiones* avait donc cessé d'être en usage à cette époque, quoique l'on eut encore conservé, paraît-il, l'ancienne terminologie, car le *Fr.* 1, § 1, *D.* 48, 8, fait mention du *judex quæstionis*.

32. Bien que, de ce moment, par suite des modifications apportées, comme on vient de le voir, au mode d'instruction et de jugement des procès criminels, il ne fut plus exact de considérer le condamné comme convaincu de son crime par le peuple tout entier, on continua néanmoins à appliquer les effets ignominieux que produisait une pareille sentence du temps des *quæstiones*, à toute condamnation prononcée en vertu d'une *lex judiciorum publicorum*, en rattachant le caractère de *judicium publicum* non plus à la procédure particulière qui était précédemment suivie et qui venait de disparaître, mais à la seule circonstance de l'existence d'une *pœna legitima*, c'est-à-dire déterminée par une *lex publicorum judiciorum*. De toute l'ancienne procédure

criminelle, le droit nouveau n'avait donc conservé qu'une faible partie, un détail, mais qui a précisément trait à la matière de l'infamie, car d'après la disposition du *Fr. 7, D. de publ. jud.* 48, 1 : « *Infamem non ex omni crimine sententia facit, sed ex eo quod judicii publici causam habuit...*» Or, je viens de le dire, le *judicium publicum* ne se distinguait sous le nouveau droit que par l'existence d'une *pœna legitima.*

33. Si maintenant nous recherchons quels étaient les *crimina publica* dont la condamnation emportait infamie, nous trouverons qu'ils étaient en réalité fort peu nombreux. Car, il ne faut pas perdre de vue que la note d'infamie n'avait d'effet, et par conséquent de raison d'être, que si elle portait sur une personne dont le droit de cité était encore intact. Or, la plupart des *delicta publica* étaient punis de peines capitales, lesquelles avaient toujours pour conséquence de faire perdre au moins la qualité de citoyen, sinon la liberté ou la vie. La note d'infamie résultant de la condamnation n'avait en pareil cas d'objet que si, par une cause quelconque, par exemple une réhabilitation qui n'aurait pas porté sur l'infamie elle-même, le *capite damnatus* ne subissait pas la peine capitale qui lui avait été infligée par le jugement. — Au contraire, si la *pœna legitima* n'était pas capitale, le droit de cité persistant, l'*existimatio* qui faisait partie de ce droit subissait en la personne du condamné, par suite de la condamnation même, une *minutio* qui était en pareil cas l'infamie. (Voy. nᵒ 20. *Arg.* § 2, *Inst.* IV, 18; *Fr.* 2, *D.* 48, 1 ; *C.* 4 et 6, *C.* 2, 12.)

Je mentionnerai brièvement les *delicta publica* qui, n'entraînant ni la mort, ni l'exil (*aquæ et ignis interdictio*), remplacé plus tard par la déportation, ni la condamnation aux mines (*metalla*), c'est-à-dire aucune des peines capitales en usage à Rome, amenaient toujours à leur suite la note

d'infamie, comme accessoire de la peine et comme conséquence de la condamnation. Ces crimes étaient:

1° La violence privée, c'est-à-dire commise sans armes,
s'il faut s'en rapporter à l'explication des Institutes (§ 8,
Inst. 4, 18), ou plus probablement, par argument de certains textes, celle faite contre un intérêt privé. (Voy. *Fr.* 7,
8, 10, 12, *D.* 48, 6; *Fr.* 2, §§ 1, 2, *D.* 47, 8.)

2° La brigue de fonctions publiques (*ambitus*), de quelque
manière qu'elle se produisît (voy. p. ex. *C.* 1, *C.* 1, 16). Ce
délit ne pouvait plus, sous l'Empire, se commettre que
dans les municipes, car à Rome le droit de nomination aux
fonctions n'appartenait plus au peuple, mais à l'Empereur
(*Fr.* 1, *pr.* § 1, *D.* 48, 14). — Notons ici une constitution
de l'année 469, par laquelle les empereurs Léon et Anthé-
mius ordonnèrent que les ecclésiastiques qui brigueraient à
prix d'argent les fonctions épiscopales fussent exclus du
clergé et frappés d'infamie « *ad instar publici criminis et
læsæ majestatis...* » (*C.* 31, *C.* 1, 3.)

3° La spéculation sur les vivres, dans le but d'en faire
hausser le prix (*annona*) (*D.* 48, 12.)

4° Le *crimen de residuis*, ou fait d'un comptable de di-
vertir à son usage, mais sans les consommer, des deniers
publics qu'il était chargé de percevoir. — Dans le cas où il
les aurait consommés, il y avait crime de péculat, dont la
peine était capitale. (*Fr.* 1, cbn. *Fr.* 2, 4, § 3 à 5, *Fr.* 9,
§ 6, *D.* 48, 13; Paul, *Sent.* V, 27.)

5° Le plagiat, qui jusque sous l'Empire n'était puni que
d'une peine pécuniaire, en vertu de la loi Fabia, fut rangé
plus tard, à une époque qu'on ne saurait exactement déterminer, au nombre des *delicta extraordinaria*, et puni d'une
peine arbitraire, qui le plus souvent était capitale (*Fr.* 1 *et* 7,
D. 48, 15; § 10, *Inst.* 4, 18; Paul, *Sent.* V, 30, § 1). On

sait que le mot *plagiat*, que Martial, le premier (*Liv.* 1, *epigr.* 53), employa dans le sens qu'on lui donne ordinairement aujourd'hui, désigne dans sa signification propre et juridique, l'acte, commis sciemment et de mauvaise foi, de recéler, vendre, acheter, mettre ou tenir dans les fers un citoyen romain, ingénu ou affranchi, ou même l'esclave d'autrui. (Textes *suprà*, et *C.* 2, *C.* 3, 15; *Cod.* 9, 20.)

6° Le *crimen repetundarum*, ou fait d'un fonctionnaire de vendre ses faveurs. La peine était capitale ou non, suivant la gravité des circonstances (*Fr.* 6, § 1, *Fr.* 7, § 3, *D.* 48, 11; Paul, *Sent.* V, 28; *C.* 1 *et* 6, *C.* 9, 27). Les délateurs gagés tombaient également sous le coup de la loi Julia *repetundarum*.

7° L'adultère, le crime de séduction (*stuprum*) et le trafic que faisait le mari de la personne de sa femme (*lenocinium*). Mais il faut signaler ici différentes particularités :

La femme surprise en flagrant délit d'adultère était, par ce seul fait, notée d'infamie, sans qu'il fût besoin de l'intervention d'un jugement. Elle était réputée « *quasi publico judicio damnata* » (*Fr.* 43, §§ 12, 13, *D.* 23, 2; cpr. Ulp. *Rgl.* XIII, § 2). Si plus tard il intervenait une condamnation en forme, la femme se trouvait à double titre notée d'infamie. Son absolution en justice ne pouvait même lui épargner cette note, car, dit Ulpien, « *factum lex, non sententiam notat* » (*Fr.* 43, § 12, *D.* 23, 2). Cette disposition était toute particulière à la femme : son complice ne devenait infâme qu'après condamnation (*Arg. Fr. cit.* cbn. *Fr.* 17, § 6, *D.* 48, 5 *et C.* 12, *C.* 9, 9). Mais il faut assimiler à la femme mariée, la fiancée et l'affranchie concubine de son patron (*Fr.* 3, *pr.* § 3, *D.* 48, 5). — Notons d'ailleurs que la peine de la relégation et la confiscation de moitié des biens, qui frappait l'adultère, fut remplacée sous Constantin par la peine de mort, et que dès lors l'infamie n'eut plus d'objet en pareil cas (PAUL, *Sent.* II, 26, § 14; *C.* 30, § 1, *C.* 9, 9; v. aussi Nov. 134, ch. 10.)

Quant au *stuprum*, il ne constituait un crime que s'il était commis envers une femme libre, célibataire ou veuve, vivant honnêtement (§ 4, *Inst.* 4, 18, cbn. *C.* 25, *C.* 9, 9, *et* PAUL, *Sent.* II, 26, § 16). Si ce crime avait été commis avec violence, il tombait sous le coup de la loi Julia *de vi publica*, et était puni d'une peine capitale. Le coupable pouvait d'ailleurs échapper à la peine qui le menaçait, et par conséquent à l'infamie, en épousant la personne séduite (*Fr.* 3, *pr. D.* 25, 7.)

Enfin, observons encore que le *lenocinium* dont il est question au Digeste, au titre *De lege Julia de adulteris*, ne doit pas être confondu avec celui que nous rencontrerons plus loin. Ce n'est que par extension qu'on a appliqué ce mot à l'acte dont il s'agit ici, le trafic que le mari ferait de la personne de sa femme. Ce trafic se présume si le mari qui a surpris sa femme en adultère ne divorce pas avec elle (*Fr.* 2, § 2, *Fr.* 29, *pr. D.* 48, 5; *C.* 2, *C.* 9, 9). Dans ces cas, et dans d'autres qui leur sont assimilés (v. p. ex. *Fr.* 14, *D. ib.*, *C.* 9, *C. ib.*) la note d'infamie ne pouvait résulter que d'une condamnation (*Arg. Fr.* 2, § 6, *D.* 48, 5), à la différence de l'infamie qui frappait les *lenones* proprement dits. (Cpr., n°s 76-79.)

34. Tous les *crimina publica* autres que ceux que je viens de citer étaient punis d'une peine capitale, et l'infamie résultant de la condamnation ne pouvait donc produire aucun effet, car l'*existimatio* se trouvait entièrement éteinte. Tels étaient les crimes de lèse-majesté et de haute trahison, d'abord punis de l'exil, en vertu de la loi Julia *majestatis*; puis, sous les empereurs, de la peine de mort avec *damnatio memoriæ* (j'aurai à parler plus tard d'une disposition toute spéciale qui frappait d'infamie les fils de certains

perduelles, n° 104, E. 3°); les crimes d'homicide, d'empoi-
sonnement, de magie et d'incendie, punis d'exil, de mort
ou de la peine du feu, par la loi Cornelia *de sicariis ;* le
parricide, ou meurtre des proches parents ou du patron,
prévu par la loi Pompeia et punie d'une peine bien connue;
l'inceste, puni par la loi Julia *de adulteriis* de la déportation; le crime de violence publique puni de la même peine
par la loi Julia *de vi publica ;* le viol et l'enlèvement, punis
de mort par cette même loi; le crime de faux, réprimé en
matière de testaments et de monnaies par la loi Cornelia
de falsis, laquelle fut étendue, par une série de sénatus-
consultes à tous les genres de faux; la peine variait beaucoup
suivant les cas : c'était ou l'exil, ou la déportation, ou la
condamnation aux mines (*metalla*), ou la mort, et même, à
partir de Constantin, la peine du feu pour les faux-mon-
nayeurs (*C. 2, C. 9, 24*); enfin, le crime de péculat, qui était
puni de l'exil, et plus tard de la déportation, et le sacrilége
qui, suivant les cas, entraînait la déportation, la condamnation aux mines ou la mort, même par le feu. Ces deux derniers
étaient punis par la loi Julia *peculatus et de sacrilegiis*.

§ 2. Cas dans lesquels l'infamie résulte d'une condamnation pour **delicta extraordinaria**.

35. En principe, la condamnation pour délits dont la
répression se poursuivait *extra ordinem* n'avait pas pour effet
de frapper d'infamie le condamné. Le motif s'en trouve dans
l'organisation de l'ancienne procédure criminelle, qui a été
exposée au paragraphe précédent. Ici, en effet, la condamnation n'était pas prononcée en vertu d'une loi spéciale: pas
de *pœna legitima* censée infligée par le peuple tout entier,
seule considération sur laquelle se basait, comme on l'a vu,
l'infamie résultant des *judicia publica* (n°s 28 et 32).

En fait cependant, les exceptions à ce principe étaient assez nombreuses. Elles résultaient, soit d'une disposition spéciale de l'édit du préteur, soit de considérations particulières tirées de la nature de certains délits. Je vais examiner successivement ces différentes exceptions au principe.

A. CALUMNIA — PRÆVARICATIO.

36. La condamnation pour crime de *calumnia* ou accusation calomnieuse, et de *prævaricatio* ou collusion de l'accusateur avec l'accusé pour abandonner l'accusation, entraînait l'infamie si elle intervenait à l'occasion d'un *judicium publicum*. Nous verrons plus loin que la *tergiversatio* ou abandon de l'accusation entraînait l'infamie de plein droit et sans jugement (n° 104, E. 1°).

Voici en quels termes s'exprime l'édit du préteur au sujet de la *calumnia* et de la *prævaricatio* (*Fr.* 1, *D.* 3, 2):

« *Infamia notatur... qui in judicio publico calumniæ prævaricationisve causa quid fecisse judicatus erit.* »

37. Peut-être n'est-il pas absolument exact, au point de vue auquel nous nous sommes placé, de ranger la *calumnia* et la *prævaricatio* au nombre des *delicta extraordinaria*. Car, s'il en était ainsi en matière civile, on ne saurait méconnaître, sans se mettre en opposition avec les textes les plus précis, que dans les affaires criminelles, la condamnation intervenait ordinairement *in judicio publico*, et que la *prævaricatio* spécialement donnait lieu à une question préjudicielle, qui devait être jugée avant le fond de l'affaire à l'occasion de laquelle elle s'était produite, et dans l'instance même dans laquelle devait se débattre l'accusation principale (*Fr.* 3, *pr.* § 1, *D.* 47, 15). Le paragraphe 2 de ce fragment rend cela plus évident encore, car le jurisconsulte y distingue formellement l'infidélité de l'avocat vis-à-vis de son client, aussi, mais improprement appelée *prævaricatio*, de

la *prævaricatio* dont il est ici question, en disant : « *Si advo-cato prævaricationis crimen intendatur, publicum judicium non est,* » et il est à remarquer qu'aucun texte ne prononce l'infamie contre l'avocat condamné pour ce motif. (Cpr. *infra* n° 104, B. 2°).

38. La loi Julia *judiciorum publicorum* ayant ordonné au juge de se prononcer, avant de passer au fond, sur la question de *prævaricatio* du précédent accusateur, si l'accusé objectait à l'accusateur actuel qu'il avait été déjà poursuivi et absous pour le même délit, la condamnation pour *præva-ricatio* qui intervenait dans ce cas, entraînait infamie, comme étant rendue *in judicio publico*, bien que la peine encourue fût *extraordinaria*, car elle n'était pas déterminée par une loi (*Fr.* 2, cpr. *Fr.* 6 ; *Fr.* 3, § 1. *D.* 47, 15). — Si au con-traire l'imputation de *prævaricatio* intervenait à l'occasion (*in causa*) mais non dans le cours d'une instance publique, la question se jugeait *extra ordinem*, « *quia neque lege ali-qua de hac re cautum est, neque per senatus consultum, quo pœna quinque auri librarum in desistentem statuitur, publica accusatio inducta est.* » (*Fr.* 3, § 3. *D.* 47, 15). A prendre à la lettre le texte de l'édit que j'ai transcrit ci-dessus, il n'y aurait pas infamie dans ce dernier cas. Mais le *Fr. 4, D.* 47, 15, dit expressément : « *Prævaricator in* causa *judicii publici pronuntiatus infamis est.* »

39. Si, comme on vient de le voir, la *prævaricatio* survenue à l'occasion d'un *delictum publicum* était en certains cas poursuivie *extra ordinem*, la *calumnia in causa publici judicii* était toujours jugée *in publico judicio*, et l'observa-tion que je faisais en tête du n° 37 *supra* est surtout exacte ici. — Car si l'accusation de *calumnia* intervenait trop tard pour être jugée dans l'instance même dans laquelle devait être examiné le crime faussement imputé à l'accusé par le *calumniator*, ce dernier tombait sous le coup de la Loi

H.   3

Remmia, dont la sanction, véritable *pœna legitima* (*Fr.* 1, **§§** 2 et 3, *D.* 48, 16), était la flétrissure, par l'impression de la lettre K (*Kalumnia, Kalumniator*) sur le front du condamné. D'où vint, pour désigner un homme digne de foi, l'expression *homo integræ frontis* que cite Papinien au *Fr.* 13, *D. de testibus* (22, 5). — Dans tous autres cas la *calumnia* était jugée *extra ordinem*, et, sauf une seule exception dont il sera bientôt parlé, la condamnation n'avait alors jamais pour effet de noter d'infamie. (*Non obstat C.* 16, *C.* 2, 12.)

40. On objecte au système que je viens de retracer d'après MAREZOLL, les termes du *Fr.* 43, § 11, *D. de ritu nupt.* (23, 2), et un passage ainsi conçu des Sentences de PAUL: «*Et in privatis et in publicis judiciis omnes calumniosi extra ordinem pro qualitate admissi plectuntur.*» Mais il faut observer, — la remarque en a déjà été faite par Cujas, — que jurisconsulte a employé ici le mot *publicis* par opposition à le *privatis* et non à *extraordinariis.* L'exactitude de cette interprétation est corroborée par la modification même que les rédacteurs des Pandectes ont fait subir à ce fragment (*Fr.* 3, *D.* 48, 16). En substituant le mot *extraordinariis* au mot *publicis* ils ont donné à ce passage une signification qui n'était pas dans l'intention de PAUL, mais qui établit par cela même d'autant plus clairement que la *calumnia in judicio publico* était toujours censée jugée *judicio publico*, par suite de l'existence de la *pœna legitima* de la Loi Remmia, encore en vigueur à cette époque, car il en est fait mention expresse au Digeste. (*Fr.* 1, *D.* 48, 16).

Quant au texte d'ULPIEN, au titre *De ritu nuptiarum* (*Fr.* 43, § 11, *D.* 23, 2), il paraît être tout spécial à la question du *connubium* des sénateurs, que nous examinerons plus loin, et ne saurait ainsi servir d'argument contre notre système. Il suffit de lire ce texte pour que le doute ne soit plus possible. ULPIEN dit, au § 10 de ce fragment: «*Senatus* *censuit non conveniens esse ulli senatori uxorem ducere aut retinere damnatam publico judicio...*, puis il continue au § 11 : « *Si qua calumniæ judicio damnata sit ex causa publici judicii, et quæ prævaricationis damnata est,* publico judicio damnata esse NON VIDETUR.* » Ces derniers mots sont bien évidemment spéciaux à la question du mariage : ils expriment une exception de faveur, et non la règle elle-même.

41. Les textes ne nous citent qu'un seul cas où la *calumnia*, n'étant pas intervenue à l'occasion d'une instance publique, entraînait cependant l'infamie de la personne condamnée. Si une veuve, sachant qu'elle n'était pas enceinte, ou que sa grossesse n'était pas l'œuvre de son défunt mari (*Fr.* 16, 18, *D.* 3, 2; *Fr.* 3, § 3, *D.* 43, 4), avait obtenu (*Fr.* 15, 19, *D.* 3, 2), ou tenté d'obtenir (*Fr.* 1, § 2, *D.* 25, 6; *Fr.* 1, § 14 *ad fin. D.* 37, 9) par ses manœuvres, l'envoi en possession *ventris nomine* des biens délaissés par ce dernier, la décision par laquelle le préteur déclarait qu'elle avait agi *per calumniam*, avait pour effet de produire l'infamie. Si la femme était encore en puissance de son père, et qu'il fût prouvé que la supercherie avait été autorisée ou simplement tolérée par celui-ci, l'infamie le frappait seul, et épargnait la femme. (*Arg. Fr.* 19, cbn. *Fr.* 17, *D.* 3, 2; cpr. *Fr.* 11, § 4; *Fr.* 12, 13, § 1, *D. eod.*)

Le fondement de la note d'infamie était uniquement ici une considération en quelque sorte personnelle au préteur. Il voyait dans cette fraude une atteinte portée à sa dignité et au respect qui lui était dû. (*Fr.* 17, *D.* 3, 2; cpr. *Fr.* 1, *pr. D.* 3, 1.)

B. STELLIONAT.

42. La controverse a été vive sur ce point. Elle a pris naissance dans deux textes d'ULPIEN qui, de prime abord, semblent en contradiction formelle. Tandis qu'au livre VI de son commentaire sur l'Édit, ce jurisconsulte s'exprime ainsi :

« *Crimen stellionatus infamiam irrogat damnato*, *quamvis judicium publicum non est* » (*Fr.* 13, § 8, *D.* 3, 2), nous trouvons d'autre part cet autre texte, emprunté par les rédacteurs des Pandectes au livre VIII *ad Sabinum* du même auteur : « *Stellionatus judicium famosum quidem non est*, *sed coercitionem extraordinariam habet.* » (*Fr.* 2, *D.* 47, 20.)

Un seul point ressort bien clairement de ces deux fragments : c'est que le stellionat était un *crimen extraordinarium* (v. aussi *Fr.* 3, *D.* 47, 11 ; *C.* 3, *C.* 9, 34). Mais s'il s'agit de décider d'après ces textes, les seuls que l'on trouve sur ce point dans les lois romaines, si la condamnation pour stellionat était infamante, ils paraissent se détruire réciproquement.

43. Voici les différentes solutions que l'on a proposées :

D'après CUJAS, à l'opinion duquel les auteurs se sont généralement ralliés, il résulterait de ces textes que l'infamie dépendait uniquement ici des circonstances, et qu'elle intervenait ou non, suivant que le stellionat était ou non en concours avec une action infamante résultant d'un des délits mentionnés au *Fr.* 7, *D. de publ. jud.*, 48, 1. Mais une pareille explication repose sur une hypothèse toute gratuite, qui ne saurait en aucune manière s'appuer sur une disposition de la loi.

On est allé plus loin et l'on a dit que, comme en pareil cas l'infamie n'était pas produite de plein droit, mais qu'elle devait être prononcée par un jugement, le juge était libre de l'infliger ou de ne pas l'infliger, car l'instance étant *extraordinaria*, le juge était seul appréciateur de la peine à prononcer, dans les limites déterminées au *Fr.* 3, § 2, *D.* 47, 20. — Et, ajoutait-on dans ce système, comme l'avait déjà soutenu CUJAS pour défendre son opinion, les mots « *infamiam irrogat* » qui se lisent au *Fr.* 13, § 8, *D.* 3, 2, doivent être entendus dans le sens de *irrogare potest*, interprétation autorisée par des exemples analogues qui se trouvent en différents endroits du Digeste (*Fr.* 21, *pr. D.* 40, 7; *Fr.* 1, § 4, *D.* 3, 1). — Cette solution ne saurait pas plus se justifier que la précédente. Il en est de même de celle qu'a proposée ANTOINE FAVRE (*Conject.* IV, 2). Cet auteur, pour sortir d'embarras, retranche la négation qui se trouve au Fr. 2, D. 47, 20, et lit «*judicium famosum — est.*» Mais la construction grammaticale de la phrase s'oppose absolument à l'admission de cette leçon.

44. Aucune de ces explications n'est donc acceptable, car elles sont ou bien fondées sur des suppositions que ne justifie aucun texte, ou même formellement contraires aux deux textes que nous examinons. Celle que propose MAREZOLL (*op. cit.*, p. 135-6) me paraît beaucoup plus probable. Au Fr. 2, D. 47, 20, le second des deux textes qui nous occupent ici, il y a opposition évidente entre le mot *famosum* qui se trouve dans la première partie de la phrase, et les mots *coercitionem extraordinariam*, qui se lisent dans la deuxième partie. Il est donc permis de croire qu'ULPIEN a pris ici *famosum* dans le sens de *publicum*. Comme régulièrement les *judicia publica* seuls entraînaient, ainsi que nous l'avons vu, la note d'infamie en matière criminelle, cette métonymie est fort admissible de la part d'ULPIEN, qui s'occupait bien moins ici de l'effet infamant d'une condamnation pour stellionat, ainsi qu'il le fait au contraire au Fr. 13, § 8, D. 3, 2, que de la juridiction, du mode de procéder, ou, pour mieux dire encore, de la nature de la peine en cas de stellionat, ce que dans un autre fragment il exprimait en disant: « *Stellionatus... judicium accusationem quidem habet, sed non est publicum* » (*Fr.* 3, *D.* 47, 11), et ce qu'ailleurs il énonce plus clairement encore par ces mots: « *Pœna stellionatus nulla legitima est, cùm nec legitimum crimen sit.* » (*Fr.* 3, § 2, *D.* 47, 20.)

Cette apparente antinomie doit donc se résoudre ainsi : Bien que le stellionat ne rentre pas dans la classe des *judicia publica* qui seuls, régulièrement, entraînaient l'infamie ; bien qu'il soit réprimé *extra ordinem*, la condamnation pour stellionat n'en est pas moins infamante.

45. Mais pourquoi cette exception à la règle posée au *Fr.* 7. *D.* 48, 1 ? Pourquoi le stellionat, *crimen extraordinarium*, entraîne-t-il infamie ? C'est encore ULPIEN qui va nous le dire. Au § 1 du *Fr.* 3, *D.* 47, 20, il s'exprime ainsi : «*Stellionatum objici posse his qui dolo quid fecerunt sciendum est : scilicet si aliud crimen non sit quod objiciatur;* QUOD ENIM IN PRIVATIS JUDICIIS EST DE DOLO ACTIO, HOC IN CRIMINIBUS STELLIONATUS PERSECUTIO. » Et, après avoir donné quelques exemples, le jurisconsulte conclut : «*Et, ut generaliter dixerim,* DEFICIENTE TITULO CRIMINIS, HOC CRIMEN LOCUM HABET, *nec est opus species enumerare.* » Tout dol en matière criminelle constituait donc le crime de stellionat. Or, le dol en matière civile était infamant (n° 48). Le stellionat rentrait donc ainsi dans la catégorie exceptionnelle des *crimina* dont parle le *Fr.* 7, *D.* 48, 1, quand, après avoir dit qu'en matière criminelle les *judicia publica* avaient seuls pour effet d'entraîner l'infamie pour le condamné, le jurisconsulte MACER ajoute : « *Itaque ex eo crimine quod publici judicii non fuit, damnatum infamia non sequetur,* nisi id crimen ex ea actione fuit QUÆ ETIAM IN PRIVATO JUDICIO infamiam condemnato importat, *veluti furti, vi bonorum raptorum, injuriarum.*» — C'est précisément le cas ici. Le stellionat est le dol en matière criminelle : or, l'action du dol «*in privato judicio*» est infamante, donc l'action de stellionat sera également infamante, car «*crimen stellionatus ex ea actione est quæ etiam in privato judicio infamiam condemnato importat.* »

C. VIOLATION DE SÉPULTURE.

46. L'observation faite au numéro précédent s'applique éga-

lement ici dans toute sa rigueur. Si en effet l'*actio sepulchri violati*, qu'elle fût privée, ou que la poursuite eût lieu *extra ordinem*, était infamante (*Fr. 1, D. 47, 12*), la raison en est que la violation de sépulture était considérée comme constituant soit un dol, soit une injure, soit un vol, suivant les formes infinies qu'elle pouvait prendre d'après les lois romaines (V. le titre *De sepulchro violato, D.* 47, 12; PAUL, *Sent.*, I, 21). Nous trouvons même un cas dans lequel il y avait véritablement *judicium publicum :* la personne qui s'opposait par la force à l'ensevelissement d'un mort et qui pour ce fait était également considérée comme ayant violé une sépulture, «*quia qui sepulchrum violat facit quo minus sepultus sit,*» tombait sous le coup de la loi Julia *de vi publica* (*Fr.* 8, *D.* 47, 12). Plus tard l'empereur Julien assimila le vol dans une sépulture au sacrilège et le punit comme tel. (*C.* 5, *C.* 9, 19.)

D. CRIMEN EXPILATÆ HÆREDITATIS.

47. Le détournement d'objets faisant partie d'une hérédité donnait lieu, depuis le règne de Marc-Aurèle, à des poursuites *extra ordinem* (*Fr.* 1, *D.* 47, 19); jusqu'à cette époque un fait de cette nature n'était pas puni. Ici encore la condamnation qui intervenait avait la note d'infamie pour effet, car les *expilatores* en général étaient considérés comme *fures atrociores* (*Fr.* 1, § 1, *D.* 47, 18) ou *improbiores* (*C.* 12, *C.* 2, 12), et l'*expilatio hereditatis* n'était ainsi qu'un vol d'une gravité particulière. Nous nous trouvons donc dans les termes du *Fr.* 7, *D.* 48, 1, que j'ai cité au n° 45. — La même raison doit nous faire considérer comme infâmes tous les condamnés pour vols de nature spéciale, dont la répression se poursuivait *extra ordinem*, tels que les *fures nocturni* et *balnearii*, et les *abigei* ou *abactores*. L'infamie n'avait pas d'objet, appliquée aux *latrones, effrac-*

tores, directarii, saccularii et *receptatores*, qui étaient en général punis de peines capitales.

§ 3. Des délits privés à la condamnation desquels la note d'infamie est attachée.

48. Voici, sur ce point, les termes de l'Édit:

«*Infamia notatur... qui furti, vi bonorum raptorum, injuriarum, de dolo malo et fraude, suo nomine damnatus pactusve erit.*» (*Fr.* 1, *D.* 3, 2; *adde Fr.* 4, § 5, *eod.*) — Les Institutes de Justinien (§ 2, *Inst.* 4, 16), comme celles de Gaius (*Comm. IV*, § 182), parlent de l'effet infamant de la condamnation encourue pour de pareils délits, à l'occasion des peines infligées aux plaideurs téméraires. L'infamie cependant était moins fondée ici, comme on pourrait l'induire de cette circonstance, sur la *temeritas litigandi* que sur une intention malveillante et calculée, sur le dol qui est toujours présupposé avoir été le mobile de l'auteur d'un délit de cette nature. — Le dol doit être plutôt envisagé comme circonstance aggravante d'un délit que comme constituant par lui-même un délit spécial, et c'est à ce premier point de vue qu'il me paraît avoir été mentionné ici. L'action de dol, — et il ne faut entendre par là que le *dolus malus* (cpr. *Fr.* 1, §§ 2 et 3. *D.* 4, 3), — était toujours et essentiellement infamante (*Fr.* 11, *D. eod.*), qu'elle intervînt d'ailleurs à l'occasion de contrats ou à l'occasion de délits. Les délits privés ne présupposent pas nécessairement le dol; les seuls délits ici nommés: le vol avec ou sans violence (*furtum, rapina*) et l'injure, sont toujours présumés commis par dol, et c'est pour ce motif que seuls ils lui empruntent dans tous les cas son caractère infamant.

49. Cette observation explique, selon moi, pourquoi, dans certains textes (*Fr.* 7, *D.* 48, 1; *Fr.* 56, *D.* 17, 2; Gaius, *loc. cit.*) nous ne trouvons pas mention de l'action spéciale

de dol à la suite des trois délits privés que je viens de citer.— Aussi, s'il est vrai de dire en principe, qu'en dehors de ces trois délits, et du délit de violation de sépulture, poursuivi par action privée (cpr. n° 46), aucun autre délit privé, bien que naissant *ex turpi facto*, n'entraînait l'infamie par suite de la condamnation, cette règle devra fléchir du moment qu'un délit aura été commis *dolo malo*.

Ainsi, en considérant le fait en lui-même et abstraction faite du dol, les condamnations provoquées par les actions *servi corrupti*, *quod metus causa* et celle naissant de la loi Aquilia pour le dommage causé à tort n'étaient pas infamantes (*Fr.* 3 *pr. et* 17, *D.* 11, 3, cbn. *Fr.* 2, *D.* 25, 2, cbn. *Fr.* 56, *D.* 17, 2, cbn. *Fr.* 6 *in fine, et* 7, *D.* 37, 15; — *Fr.* 7, *pr. D.* 4, 2; — *Fr.* 56, *D.* 9, 2, cbn. *Fr.* 2, *D.* 25, 2). Il en était de même des interdits en général (*Fr.* 13, *D.* 43, 16; *Fr.* 32, *D.* 48, 19), et des actions personnelles proprement dites (*condictiones*), alors même qu'elles dérivaient d'une cause infamante, telles, par exemple, que la *condictio furtiva* (*Arg. Fr.* 19, *D.* 13, 1), et l'*actio rerum amotarum.* (*Fr.* 26, cbn. *Fr.* 2, 5 *et* 21, *D.* 25, 2.)

§ 4. Cas dans lesquels l'infamie naît d'une condamnation intervenue à l'occasion de contrats.

50. Si dans les délits dont il a été question au paragraphe précédent, l'infamie reposait sur la présomption légale d'un dol préexistant, le caractère infamant d'une condamnation pour faits délictueux commis dans certains contrats et dans le quasi-contrat de tutelle, était à la fois fondé sur une présomption de déloyauté (*perfidia*) et d'esprit de chicane (*temeritas litigandi*) de la part de celui qui s'était attiré une condamnation à raison d'un pareil fait.

Toutefois cet effet infamant de la condamnation ne se produit qu'en matière de société, de mandat et de dépôt,

contrats qui présupposent une confiance mutuelle si absolue
entre les contractants que c'est avec raison qu'on leur a
donné quelquefois le nom de contrats d'amis (*contractus
amicorum, Freundescontrakten*). Ajoutez à cela que l'infamie n'intervient en général que si la condamnation a été
provoquée par l'action directe, et dès lors la disposition de
la loi se justifie aisément. Si la personne en laquelle l'autre
contractant a cru pouvoir placer une confiance suffisante pour
lui remettre le soin de ses intérêts ou lui donner en garde
une partie de sa fortune, vient à trahir cette foi qu'on a eue
en elle; si, non contente de ne pas remplir les engagements
qu'elle a pris, elle pousse l'audace jusqu'à venir défendre
ses prétentions en justice, et que le juge les reconnaisse non
fondées, il y a certes là une mauvaise foi insigne, qu'aggrave
encore cet esprit de chicane qui ne l'a pas fait reculer devant une condamnation.

51. On a soulevé à ce propos la question de savoir s'il
est nécessaire qu'il y ait eu dol de la part du condamné, ou
si la simple mauvaise foi (*perfidia*) suffit pour que le jugement produise l'infamie (MAREZOLL, p. 149 à 155). Mais une
pareille question me paraît oiseuse quand il s'agit de contrats où la bonne foi est une condition si essentielle qu'il est
difficile de saisir la différence qui sépare la mauvaise foi du dol,
alors que le contractant coupable va jusqu'à ne pas craindre
de voir flétri par la justice son manque de loyauté. Écoutons
CICÉRON : « *Perditissimi est hominis simul et amicitiam
dissolvere et fallere eum qui læsus non esset nisi credidisset.
Itane est? in minimis rebus qui mandatum neglexerit tur-
pissimo judicio condemnetur necesse est... is inter honestos
homines atque adeo inter vivos numerabitur ?* » Et plus loin :
« *In rebus minoribus socium fallere turpissimum est... Ad
cujus igitur fidem confugiet, cùm per ejus fidem læditur
cui se commiserit? Atqui ea sunt animadvertenda peccata*

maxime, quæ difficillime præcaventur », etc. (*Pro Rosc. Amer. c.* 39 *et* 40; v. aussi, *Pro Rosc. Com.*, c. 6). Qu'importe dès lors que les textes emploient telle ou telle expression, qu'ils parlent de *perfidia* ou de *culpa* au lieu de spécifier le dol? Ceci, avouons-le avec VANGEROW, ressemble fort à une querelle de mots.

52. En règle générale, ai-je dit, l'infamie n'est attachée qu'à la condamnation provoquée par l'action directe. En d'autres termes le jugement ne sera infamant que s'il frappe le mandataire, le dépositaire, ou, dans le quasi-contrat de tutelle, le tuteur, et non s'il est rendu, sur la poursuite de ces personnes, contre le mandant, le déposant ou le pupille. — S'il s'agit d'une contestation entre associés, la partie qui succombe sera toujours notée d'infamie, car dans le contrat de société l'action est directe de part et d'autre.

Cette nécessité d'une condamnation par action directe était mentionnée en ces termes dans l'édit du préteur : « *Infamia notatur... qui pro socio, tutelæ, mandati, depositi, suo nomine*, non contrario judicio, *damnatus erit* » (*Fr.* 1, *D.* 3, 2; *adde* § 2, *Inst.* 4, 16). ULPIEN nous en donne la raison : « *... Contrario judicio damnatus non erit infamis, nec immerito: nam in contrariis non* de perfidia *agitur, sed* de calculo, *qui fere judicio solet dirimi* » (*Fr.* 6, § 7, *D.* 3, 2). Et ailleurs : « *... non* de fide rupta *agitur, sed* de indemnitate *ejus qui officium suscepit.* » (*Fr.* 5, *pr. D. depositi*, 16, 3; v. aussi *Fr.* 29, *D.* 4, 3.)

53. L'action contraire est donc présumée ne tendre qu'à une question d'intérêts pécuniaires, et c'est sur ce motif que repose toute la différence que nous remarquons ici. Mais ceci n'est pas absolu, et il peut se produire des circonstances où les contractants ont dû se témoigner une confiance mutuelle de telle nature que celui qui agit par l'action contraire peut avoir souffert de la *perfidia* de l'autre partie. C'est ce que

reconnaissait ULPIEN en disant au § 5 du même fragment : « *Notatur non solum qui mandatum suscepit, sed et is qui fidem quam adversarius secutus est non præstat : ut puta fidejussi pro te et solvi, mandati te si condemnavero, famosum facio.* » Ce qui est vrai de l'action que le mandataire intente contre le mandant, l'est aussi de la demande du dépositaire ou du tuteur contre un acte de mauvaise foi du déposant ou du pupille. Si ULPIEN s'en est tenu à l'exemple du mandat, c'est probablement parce que des hypothèses analogues se réalisent fort rarement et sont plus difficiles à imaginer en matière de dépôt et de tutelle.

54. A la place du contrat de dépôt, il est fait mention dans les anciens textes (Table d'Héraclée, lignes 111-37), et CICÉRON parle fréquemment (*Pro Rosc. Com.*, c. 6 ; *Pro Cecina*, c. 2, *inf.* et c. 3 ; *De officiis*, III, c. 17 ; *De nat. deor.* III, c. 30) du contrat de fiducie. Le silence observé en pareil cas à l'égard du premier de ces contrats, remplacé sans cesse par le contrat de fiducie dans l'énumération des trois contrats dont la violation entraînait infamie, autorise à croire que pendant longtemps l'effet infamant ne se produisait que si les anciennes formes de la fiducie étaient intervenues dans une constitution de dépôt. Quand plus tard le contrat de fiducie cessa d'être en usage pour la constitution de dépôts, on transporta au simple contrat de dépôt les effets qui n'étaient précédemment attachés qu'à celui passé dans les formes plus solennelles de la fiducie. (Cpr. GAIUS, *Comm.* II, § 60, cbn. IV, § 182.)

55. En matière de tutelle, deux dispositions spéciales, résultant de la nature même de ce quasi-contrat, doivent encore trouver place ici.

La première de ces dispositions est relative à l'infamie qui frappe le tuteur destitué comme suspect. Cette destitution peut être considérée comme une véritable condamnation, car elle était prononcée, après enquête, par décret du magistrat. Mais si, quand il s'agissait de l'action de tutelle, la question de dol importait peu (n° 51), ici au contraire elle est essentielle. L'action de tutelle n'intervenait guère qu'à l'expiration des fonctions du tuteur, au moment de la reddition des comptes. Dès lors, le caractère infamant de l'action reposait plutôt sur la *temeritas litigandi* que sur le fait dolosif qui provoquait la condamnation. Mais en cas de révocation, l'idée de dol l'emporte sur toute autre, si bien que la conséquence infamante cesse, si la destitution a été provoquée par tout autre fait, ou si le magistrat, tout en reconnaissant que la gestion est frauduleuse, se borne à adjoindre un second administrateur au tuteur en exercice (§ 6, *Inst.* I, 26 ; *Fr.* 3, § 18, *D.* 26, 10 ; *C.* 9, *C.* 5, 43). Pour éviter tout doute sur les motifs de la destitution, le préteur devra les énoncer d'une manière précise (*Fr.* 4, § 1, 2, *D.* 26, 10) ; autrement la révocation ne serait pas infamante, car le dol ne se présume pas. Il ne serait pas exact d'assimiler ici la faute lourde au dol proprement dit, car si cette assimilation est juste quand il est question des suites d'un contrat (*Fr.* 1, § 1, *D.* 11, 6 ; *Fr.* 29, pr. *D.* 17, 1), il n'en est plus de même lorsqu'il s'agit de l'application d'une peine, et il est à remarquer qu'alors les textes distinguent soigneusement entre *dolus* et *culpa lata* (*Fr.* 7, *D.* 48, 8 ; *Fr.* 42, *D.* 48, 19). La disposition du § 1er, *Fr.* 7, *D. de suspect. tutor.* (26, 10), ne prouve rien contre cette manière de voir : ce paragraphe, en effet, parle de la destitution « *quasi suspectus*, propter latam NEGLIGENTIAM. » Or PAUL nous donne au *Fr.* 226, *D.* 50, 16, l'interprétation suivante de cette expression : « *Magna negligentia culpa est ; magna culpa dolus est.* » Destituer un tuteur « *propter latam negligentiam* » revient donc à le destituer « *propter inertiam vel ineptiam,* » cas dans lesquels la révocation n'entraînait pas l'infamie. (*Fr.* 3, § 18, *D.* 26, 10 ; *C.* 9, *C.* 5, 43.)

56. Le second cas d'infamie particulier à la tutelle est relatif au mariage du tuteur (ou du curateur) avec sa pupille. Si celui qui était chargé d'une tutelle ou d'une curatelle épousait, ou faisait épouser à son fils, la pupille dont la personne ou les biens lui étaient confiés, avant que cette dernière eût accompli sa 26ᵉ année, c'est-à-dire avant l'expiration du délai d'un an accordé pour demander, s'il y avait lieu, la *restitutio in integrum* (*C.* 6, *C.* 5, 6), il était noté d'infamie, et le mariage était nul (*Fr.* 62, § 2, 66, *D.* 23, 2; *C.* 6, 7, *C.* 5, 6; *C.* 4, *C.* 5, 62). Nous trouvons les motifs de cette disposition, introduite par un sénatus-consulte dont les textes ne nous donnent pas le nom, dans une constitution de Dioclétien; le législateur présumait une intention de dol, une manœuvre destinée à faire disparaître derrière l'autorité et les droits du mari ou du chef de famille, les irrégularités que le tuteur aurait commises dans le cours de sa gestion. Aussi Dioclétien assimile-t-il en pareil cas le tuteur à celui qui aurait été condamné par faits de tutelle : « ... *Manet infamia contra eum*, veluti confessum de tutela, *quia hujusmodi conjunctione, fraudem administrationis tegere laboravit.*» (*C.* 7, *C.* 5, 6.)

Cette prohibition, qui portait également sur les fiançailles (*Fr.* 15, *D.* 23, 1; *Fr.* 60, § 5, *D.* 23, 2), pouvait avoir pour conséquence de créer une véritable incapacité d'être tuteur ou curateur, car l'infamie menaçait celui qui, étant tuteur ou curateur de sa bru, ne se faisait pas remplacer. (*C.* 3, *C.* 5, 6; *C.* 17, *C.* 5, 62.)

57. Il est difficile de dire si, dans le cas où le mariage avait été contracté entre la pupille et le fils du tuteur ou du curateur, la note d'infamie frappait à la fois le père et le fils. La difficulté résulte de la rédaction amphibologique du texte même qui semble devoir résoudre cette question. PAUL, au **Fr.** 66 *D. de ritu nupt.* (23, 2), s'exprime ainsi : « *Non*

est matrimonium si tutor vel curator pupillam suam... ducat uxorem, vel eam filio suo jungat: quo facto uterque infama- tur.... nec interest filius sui juris an in patris potestate sit.»

Le mot *uterque* vise-t-il le tuteur *et* le curateur, comme le soutient MAREZOLL (p. 159-160), ou se rapporte-t-il au tuteur (ou curateur) *et à son fils*, lequel aurait épousé la pupille de son père? Cette dernière interprétation est la plus probable au point de vue grammatical de la phrase, mais au point de vue juridique, elle est contraire à la règle écrite au Fr. 12, D. *de his qui not. inf.* (3, 2), où le même juris-consulte, s'occupant de la question du mariage pendant l'an de deuil, dont il sera parlé plus loin, dit au contraire : « *Qui jussu patris duxit... non notatur.*» ULPIEN s'exprime en termes analogues au fragment précédent du même titre. La constitution 7, Cod. *de interdicto matrim.* (5, 6), peut fournir, ce me semble, un argument en faveur de l'extension de ces derniers textes au cas qui nous occupe: elle se sert de termes à peu près semblables à ceux qu'emploie PAUL, au Fr. 66, D. 23, 2, mais l'amphibologie a disparu: «*Si tutor vel curator pupillam... sibi vel filio suo... in matrimo- nio collacaverit, manet infamia contra eum...*» Il n'est pas question de l'infamie qu'encourrait le fils.

58. Toute la disposition cesse d'ailleurs si le mariage a été contracté par suite de la volonté formellement exprimée par le père de la pupille, soit qu'il ait consigné cette inten- tion dans son testament, soit qu'il ait, de son vivant, auto- risé les fiançailles (*Fr.* 36 et 66, *D.* 23, 2; *Fr.* 7, *D.* 48, 5). Il en sera de même si, par dispense impériale, le tuteur a obtenu la permission de faire un pareil mariage. (*C.* 7, *C.* 5, 6.)

§ 5. Observations communes aux quatre paragraphes précédents.

59. Dans tous les cas que nous venons d'examiner, l'infa-

mie n'existait que s'il était intervenu un jugement de condamnation. Ce n'était pas le fait, l'infraction à la loi, qui étaient infamants, à l'encontre des cas dont il sera question dans la seconde section de ce chapitre; c'était la condamnation prononcée à l'occasion de pareils faits. Si, pour un motif ou pour un autre, une condamnation n'intervenait pas, l'auteur du fait échappait à la note d'infamie.

Cela est vrai d'une manière absolue, si le fait punissable s'était produit à l'occasion des contrats dont il a été parlé au § 4; mais il n'en était pas toujours ainsi s'il s'agissait de délits. Car si, pour les contrats, le motif de l'infamie réside principalement dans l'esprit de chicane qui pousse le débiteur à ne pas remplir ses engagements avant d'y être contraint en justice, et qu'il suffise ainsi qu'il consente à s'exécuter, à transiger, à satisfaire son adversaire d'une manière quelconque avant que le juge se soit prononcé, pour échapper à la condamnation, et par conséquent à l'infamie, — *omnia judicia absolutoria sunt* (*Inst.* 4, 12, § 2), — dans les délits, au contraire, nous trouvons, à côté du dommage causé, l'élément du dol, l'action délictueuse en elle-même, qu'aucune réparation envers la partie lésée ne pourra effacer (*Fr.* 65, *D.* 47, 2; *Fr.* 5, *D.* 47, 8). Le juge, une fois saisi, pourra toujours infliger une peine, car, malgré la réparation du dommage, un fait punissable subsistera toujours.

60. Bien plus, la transaction même, le pacte intervenant à l'occasion de délits est par lui-même infamant. Il est toujours honorable de reconnaître ses torts, et c'est le seul mobile qui est censé guider le contractant qui transige. Aussi le pacte intervenu entre les parties, à l'occasion des contrats dont il a été question, et du quasi-contrat de tutelle, n'est-il jamais infamant (*Fr.* 7, *D.* 3, 2). — Au contraire, l'auteur d'un délit se condamne lui-même, il ajoute à la turpitude de son fait quand, pour échapper à la peine qui le

menace, il vient avouer sa faute et offrir réparation en proposant à la partie lésée de lui acheter son silence. S'il s'agit d'un crime, il y a ou prévarication ou faux par corruption de témoins: une nouvelle action publique, basée sur la loi Cornelia *de falsis*, ou sur la loi Julia *repetundarum* est dès lors ouverte. Mais si c'est un simple délit privé, c'est-à-dire un acte dont la poursuite n'appartient qu'à la partie lésée, on comprend que la loi n'ait pas voulu que le fait délictueux pût ainsi échapper à la répression, et c'est par ce motif qu'elle attache l'infamie au seul fait de pactiser en pareille circonstance, car l'auteur du délit s'est reconnu lui-même coupable; il est condamné par son propre jugement. (*Fr.* 1, 5, *D.* 3, 2; *Fr.* 7, *D.* 47, 15; *Fr.* 29, *D.* 49, 14; *Fr.* 1, *D.* 42, 2; § 2, *Inst.* 4, 18; Gaïus, *Comm.* IV, § 182.)

Toutefois ce n'est que si le pacte a eu pour objet une somme d'argent, si le silence peut être considéré comme *acheté*, que l'infamie est encourue: on n'a pas voulu enlever à la victime la faculté de pardonner, ni au coupable celle de demander son pardon; c'eût été, dit Ulpien, contraire à l'humanité. (*Fr.* 6, § 3, *D.* 3, 2; *Fr.* 4, *D.* 49, 14; *C.* 18, *C.* 2, 12.)

61. Enfin, le pacte n'était infamant que s'il était intervenu extrajudiciairement. «*Qui jussu prætoris, pretio dato pactus est, non notatur* (*Fr.* 6, § 3, *D.* 3, 2). Cette intervention du magistrat dans la transaction des parties se produisait dans les actions *arbitrariæ*, au nombre desquelles on range entre autres les actions de dol, d'injures et de violation de sépulture. La condamnation, et par conséquent l'infamie, n'intervenaient alors que si le défendeur refusait de s'en remettre à l'arbitre du juge: la transaction était ici en quelque sorte forcée. — A cela se rapporte aussi une autre disposition relative au serment. Si la partie à laquelle le serment avait été déféré jurait n'avoir pas commis le fait qu'on lui imputait, elle échap-

pait à la condamnation et par conséquent à l'infamie (*Fr.* 6, § 4, *D.* 3, 2 ; *C.* 18 *in fin.*, *C.* 2, 12) : il y avait présomption légale d'innocence et le serment équivalait à la transaction (*Fr.* 21, *D.* 4, 3). Lors même qu'un faux serment aurait été prêté, l'infamie n'intervenait pas : « *Sufficit perjurii pœna,* » dit le Fr. 22, D. 4, 3 ; or, sauf deux cas tout spéciaux qui seront indiqués plus loin, la peine du parjure n'était pas infamante. (V. n°s 98 et 104, *D.* 2°.)

62. La note d'infamie résultant d'un pacte est l'exception la plus générale au principe que, dans les cas dont nous nous occupons, il n'y avait pas d'infamie sans condamnation. J'ai déjà cité plus haut les exceptions plus spéciales relatives à l'infamie de la femme surprise en adultère (n° 33, 7°) et du tuteur écarté comme suspect pour cause de dol ou noté d'infamie pour mariage avec sa pupille (n°s 55 à 58) ; nous trouverons plus bas une dernière exception établie par le sénatus-consulte Turpillien. (N° 104 ; *E.* 1°.)

63. Examinons maintenant les conditions requises pour qu'une condamnation prononcée à l'occasion des faits dont il a été question aux quatre paragraphes précédents produisît son effet infamant. Et tout d'abord, notons que l'infamie était attachée à la condamnation elle-même, de telle sorte qu'elle existait dès que le fait avait été reconnu constant par le juge, encore qu'il n'ait pas été prononcé de peine. (*Fr.* 1, § 4, *D.* 48, 16 ; *C.* 12, *C.* 2, 12.)

Le jugement devait être rendu *causa cognita*, en d'autres termes être dirigé contre la personne à laquelle le fait était imputé, et dans l'instance engagée à raison de ce fait. — La sentence interlocutoire ou arbitrale, l'admonition adressée par le juge à l'auteur du fait, à l'occasion et dans le cours d'une autre affaire, n'avaient jamais l'infamie pour effet (*Fr.* 13, § 5, 6 ; *Fr.* 19, 20, 21, *D.* 3, 2 ; *C.* 17 et 19, *C.* 2, 12). Le jugement devait porter d'une manière précise sur l'élément infamant du fait, dans une instance introduite à l'occasion de ce fait : ainsi s'explique pourquoi, dans les actions qui tendaient uniquement à l'accomplissement d'une obligation personnelle, telles que les *condictiones* et les interdits, la condamnation n'était pas infamante, malgré l'*atrocitas facinoris* qui empêchait les parents d'intenter entre eux certaines de ces actions. (*Fr.* 2, *D.* 37, 15; *Fr.* 1, § 43, *D.* 43, 16. — V. n° 49.)

64. Le jugement devait en second lieu être prononcé directement contre l'auteur du fait ayant donné lieu à l'instance : c'est ce qu'expriment les textes par les mots *suo nomine damnatus* (*Fr.* 1, 4, § 5, *D.* 3, 2). Ceci, à un double point de vue. Car, si d'une part l'infamie ne pouvait atteindre ni le représenté, ni le représentant, quand la condamnation était intervenue contre le second pour le fait du premier, d'autre part elle ne frappait non plus le complice qui n'était pas engagé au procès. (*Fr.* 6, § 2, *D.* 3, 2; Gaius, IV, § 182; — *Fr.* 17, § 6, *D.* 48, 5, et *C.* 12, *C.* 9, 9 et arg.)

Notons cependant deux exceptions.

En matière criminelle, la représentation n'était pas permise, et ce ne fut que par un privilége tout spécial que l'empereur Zénon autorisa les *illustres* et les membres de leurs familles à agir par procureur, si l'on avait intenté contre eux l'action criminelle d'injures, au lieu de les poursuivre par l'action civile privée. (*C.* 11, *C.* 9, 35; Nov. 71, ch. 1.)

En second lieu, si, en règle générale, les héritiers ne pouvaient être frappés d'infamie du fait de leur auteur, parce qu'ils n'avaient pas à répondre du délit lui-même, mais seulement du tort causé (*Fr.* 29, *D.* 4, 3), il en était autrement pour les faits nés à l'occasion des contrats de dépôt et de mandat, lesquels se continuaient dans la personne des héritiers. (*Fr.* 6, § 6, *D.* 3, 2.)

65. Le jugement prononcé *causa cognita* et *suo nomine* devait enfin avoir été valablement rendu et être devenu définitif, pour que l'infamie pût en résulter. — Une condamnation est censée ne pas exister si elle a été rendue par un juge incompétent, ou si le condamné interjette appel (*Fr.* 2, § 2, *D.* 48, 19) : dans le premier cas le jugement est nul d'une manière absolue et ne peut produire aucun effet; dans le second cas les effets de la condamnation sont suspendus tant qu'il n'a pas été statué sur l'appel, et alors même que le jugement dont est appel est confirmé, il ne produit effet qu'à dater du jour de la confirmation, et non rétroactivement à partir du moment où il a été rendu. Mais si le condamné a laissé écouler les délais sans user de son droit d'appel, les effets remontent au jour même du jugement dont il n'a pas été appelé. (*Fr.* 6, § 1, *D.* 3, 2.)

Dans deux cas cependant l'infamie à intervenir opérait dès avant la condamnation. Je reviendrai plus loin sur le premier de ces cas, qui concerne le prévenu qui se dérobe aux recherches de la justice (n° 104, E. 2°). La seconde exception résulte des effets que produit à l'égard des prévenus la seule accusation de crime. Une pareille accusation empêchait par elle seule, et avant toute condamnation, la personne qu'elle frappait, d'aspirer aux honneurs, à moins qu'il ne s'écoulât plus d'une année depuis l'époque de la délation, sans que pendant ce délai l'instruction eût relevé des charges contre l'accusé (*Fr.* 17, § 12, *D.* 50, 13; *Fr.* 7, pr. *D.* 50, 4, *C. un. C.* 10, 58). Ajoutons que l'individu sur lequel pesait une accusation de crime capital devenait de ce moment incapable de faire partie de l'armée. (*Fr.* 4, § 5, *D.* 49, 16.)

SECTION II.

Cas dans lesquels l'infamie existe de plein droit, indépendamment de tout jugement de condamnation.

(*Infamia immediata.*)

66. Dans la série des causes d'infamie que nous allons examiner, ce n'est plus, comme dans les cas qui ont été indiqués dans la précédente section, d'un jugement que dépend la note d'infamie : elle est attachée ici à tel acte, à tel fait, à tel métier déterminés par l'édit ou par la loi, de sorte qu'il suffit pour en être atteint d'avoir commis un pareil acte, d'avoir accompli un tel fait, d'exercer un semblable métier. — L'existence de l'infamie *en dehors de l'intervention du juge*, telle est donc la différence caractéristique qui distingue les cas d'infamie dont il va être question, de ceux qui ont été énumérés dans la première section de ce chapitre. — De là cette conséquence que, dans le premier cas, l'infamie pouvait produire des effets rétroactifs, si par exemple le fait qui l'avait fait naître n'était devenu notoire que postérieurement à son accomplissement, — tandis que dans le second cas, elle n'avait d'effet que du jour où le jugement était devenu définitif. (N° 65.)

67. Quelquefois cependant, dans des cas d'infamie établis postérieurement par le Droit civil, à l'époque où l'institution prétorienne se modifiait, la loi exigeait un jugement, ayant pour objet, non pas de prononcer l'infamie, mais simplement de constater que le fait de nature à entraîner l'infamie existait réellement. Cette circonstance, on le voit, ne changeait rien à ce qui vient d'être dit sur le moment où naissait l'infamie : celle-ci ne produisait pas moins des effets rétroactifs à dater du jour où le fait infamant avait été con-

sommé. — D'ailleurs, je le repète, ce ne fut que dans des cas d'infamie immédiate établis, non par le préteur, mais par la loi, qu'un jugement constatant le fait était requis; en général, il suffisait que le fait auquel la note d'infamie était attachée fût devenu notoire.

J'examinerai dans deux divisions distinctes quels étaient les faits que le préteur avait déclarés infamants par eux-mêmes (*notatur qui fecerit*...) en suivant l'ordre dans lequel les énumère l'édit (*Fr.* 1, *D.* 3, 2), puis ceux qui furent successivement rangés dans cette classe par les empereurs, en observant autant que possible dans cette seconde division l'ordre chronologique.

PREMIÈRE DIVISION.

Des cas d'infamie immédiate établis par l'édit du préteur.

§ 1. Soldat expulsé de l'armée.

68. «*Infamia notatur qui ab exercitu ignominiæ causa ab imperatore eove cui de re statuendi potestas fuerit, dimissus est.*» (*Fr.* 1, *D.* 3, 2.)

Une question se présente tout d'abord. Les auteurs ne s'accordent pas sur la place à assigner dans notre division à l'infamie qui résulte, pour le militaire, du congé ignominieux. Y a-t-il infamie *immédiate?* Non, pas absolument, car le préteur n'a pas attaché l'infamie à un fait déterminé que le soldat aurait commis, mais au congé infligé à l'auteur d'un fait de ce genre. — La note d'infamie dépend donc ici du congé: sans expulsion, pas d'infamie. — Cette considération a conduit quelques auteurs à voir ici un cas d'infamie *médiate,* c'est-à-dire du genre de ceux dont il a été parlé dans la première section de ce chapitre (Voy. LAUTERB. *ad Pand.* 3, 2, n° XIII). Cette opinion n'est guère admissible, car on ne saurait assimiler à un jugement, remplissant les conditions requises en pareille circonstance (n⁰ˢ 59 à 65), le congé décerné par un général d'armée. — Il me paraît plus exact et plus conforme aux termes mêmes de l'édit de faire du cas qui nous occupe une classe distincte, dans laquelle l'infamie résulterait, non pas d'un jugement, moins encore de la seule commission d'un fait, mais bien de l'*application de la peine*, dont l'infamie n'est alors que la conséquence. Cette peine c'est la dégradation militaire, qui n'est autre que le congé ignominieux et qui prend diverses formes que j'indiquerai tantôt. — Il résulte de là que l'infamie n'existera qu'après le congé prononcé, et que ses effets ne réagiront pas au jour de la commission du fait qui aura entraîné la dégradation.

69. Il faut se garder de confondre le congé ignominieux, qui seul entraînait l'infamie, avec d'autres peines militaires, d'une nature moins grave, et qui n'avaient pour effet que de *mal noter*, mais non de *noter d'infamie* dans le sens propre de ce mot. Je citerai plus particulièrement le retrait du grade (*gradus dejectio*) et le changement de classe (*militiæ mutatio*). Ces deux peines, qui, à bien dire, n'en faisaient qu'une, la première étant pour le simple soldat ce qu'était la seconde pour le militaire investi d'un grade quelconque, représentaient fort exactement dans la hiérarchie militaire ce qu'était la note du censeur dans la vie civile : le rejet d'une des classes supérieures de l'armée dans une des classes inférieures. Les deux institutions étaient fondées sur la division du peuple telle que l'avait établie Servius Tullius. La dernière des six classes entre lesquelles les citoyens étaient répartis ne faisait pas partie de l'armée. La *militiæ mutatio* ne pouvait donc être infamante que pour les soldats compris dans la 5ᵉ classe ; elle n'était alors autre chose qu'une exclusion absolue de l'armée.

70. Le congé ignominieux (*missio ignominiosa*) pouvait

prendre diverses formes qui n'influaient d'ailleurs aucunement sur l'effet infamant du congé lui-même. Ainsi, l'on avait tantôt recours à l'*exauctoratio* ou retrait des armes et des insignes du grade, plus spécialement du ceinturon et du baudrier. Tantôt on déliait le soldat du serment (*sacramentum*) qu'il avait prêté en entrant dans les rangs de la milice. La simple appellation du nom de *quirites*, — nous dirions *bourgeois* ou *péquins*, — équivalait à la fois à une *exauctoratio* et à une *sacramenti solutio*, car c'était déclarer les soldats auxquels elle était appliquée par le chef d'armée, indignes de combattre et leur donner l'ordre de rendre leurs armes: les licencier, en un mot. Enfin, le plus ordinairement, le congé ignominieux était décerné par le renvoi du militaire hors des limites du campement; mais pour que dans ce cas il n'y eût pas de doute sur la nature du congé, et qu'il ne fût pas confondu avec le congé de libération (*missio honesta*) ou de réforme (*missio causaria*), le chef qui le prononçait devait exprimer le motif du renvoi, sans qu'il fût cependant besoin d'employer la formule « *ignominiæ causa dimissus.* » (*Arg. Fr.* 2, § 2, *D.* 3, 2, cbn. même § et *Fr.* 13, § 3, *in fin. D.* 49, 16; cpr. *Fr.* 2, *pr. in fine, D.* 3, 2.)

71. La *missio ignominiosa* pouvait être prononcée par le chef des troupes, ou par celui auquel il avait délégué ses pouvoirs, contre tout militaire, quel que fût son grade, qu était placé sous ses ordres. (*Fr.* 1 et 2, § 1, *D.* 3, 2.) La détermination des causes qui entraînaient un pareil congé était abandonnée à l'arbitre du commandant de l'armée, et l'on ne peut considérer que comme des exemples les cas énoncés au Digeste, au titre *De re militari* (49, 16), tels que la mutilation volontaire, la tentative de suicide, tous actes de trahison, que ce soit par délation du mot d'ordre à l'ennemi ou autrement. (V. un cas tout spécial, établi par JUSTINIEN, *C.* 35. *C.* 4, 65.)

72. Remarquons que si le congé ignominieux était prononcé pour des délits qui d'après le Droit civil entraînaient
l'infamie, p. ex. pour le crime d'adultère (*Fr.* 2, § 3, *D.* 3, 2;
cpr. *Fr.* 11, *pr. D.* 48, 5.), le soldat qui le subissait se trouvait dans une condition plus défavorable que s'il avait été
noté d'infamie comme simple citoyen : car des incapacités
spéciales étaient attachées au congé ignominieux. Ainsi, le
soldat expulsé de l'armée ne pouvait plus à l'avenir résider
à Rome, ni dans aucun lieu où se trouvait l'empereur, et
moins encore faire partie de la suite du prince. Cette interdiction de résider à Rome le rendait incapable d'y être
chargé d'une tutelle. (*Fr.* 2, § 4, *D.* 3, 2; *Fr.* 13, § 3, *D.* 49,
16; *Fr.* 8, § 9, *D.* 27, 1; V. encore *Fr.* 4, § 6, *D.* 49, 16;
Fr. 26, *D.* 29, 1.)

§ 2. Comédiens, gladiateurs.

73. La note d'infamie frappait de plein droit et par le seul
fait de leur profession tous individus majeurs (*C.* 21, *C.* 2,
12) qui paraissaient comme acteurs dans les jeux et les spec-
tacles publics : « *qui artis ludicræ pronunciandive causa in
scenam prodierit.* » (*Fr.* 1, *D.* 3. 2.) Toutefois ULPIEN, dans
son commentaire sur l'Édit, nous a conservé le souvenir des
dissidences qui séparaient sur ce point les Proculéiens et les
Sabiniens. PÉGASUS et NERVA appliquaient la disposition de
l'édit dans toute sa rigueur : d'après eux, l'infamie frappait tous
ceux « *qui quæstus causa in certamina descendunt, et omnes
propter præmium in scenam prodeuntes.* » (*Fr.* 2, § 5, *in
fine D.* 3, 2.) Les Sabiniens, au contraire, — et leur opinion
paraît avoir prévalu, — ne soumettaient pas à la tache de l'infamie certaines classes d'individus qui combattaient plutôt
pour l'honneur que pour l'argent, tels que les athlètes, qui
ne se présentaient dans le cirque que pour y disputer le prix
du courage et de l'agilité (*Fr.* 4, *pr. D.* 3, 2). Cette opinion

concorde avec une constitution de Dioclétien et Maximien
(*C. un. C.* 10, 54) en vertu de laquelle les athlètes qui justi-
fiaient avoir été trois fois couronnés dans les jeux sacrés,
étaient admis à remplir les charges civiles.

ULPIEN ajoute, dans le fragment que je viens de citer,
qu'il parût également utile de ne pas ranger au nombre des
infâmes diverses catégories de personnes qui remplissaient
certaines fonctions dans les jeux sacrés ou dans les théâtres.
Il cite notamment les choristes et les musiciens de l'orchestre
(*thymelici,* par opposition à *scenici*), les individus qui s'exerçaient sous les portiques à la profession d'athlètes (*xystici*),
les conducteurs aux courses de chars (*agitatores*), ceux chargés
de prendre soin des chevaux après les courses (*qui aquam
equis spargunt*). La note d'infamie n'atteignait non plus, nous
dit ULPIEN (*Fr. 4,* § 1, *D. ib.*), les présidents des jeux publics
(*designatores,* βραβευταὶ), dont les fonctions consistaient à
organiser les jeux, à les présider, à proclamer les vainqueurs
et à leur décerner les prix. Ils n'exerçaient pas « *artem ludicram sed ministerium,* » une charge publique qui leur était
concédée par suite d'un privilége spécial du prince. Tels
étaient également les *agonothetæ* et les *mastigophori.* (*Fr.* 18,
§ 17, *D. de muner.* 50, 4.)

74. Il résulte de ce qui précède que la note d'infamie
n'était encourue que par ceux qui faisaient métier de se
donner en spectacle *à prix d'argent* (*Fr.* 2, § 5, *in fine*; *Fr.* 3,
§ 2, *D.* 3, 2 *et Arg. Fr.* 1, § 6, *D.* 3, 1, V^is *Quod si depu-
gnaverit*). Peu importait d'ailleurs que ce fût à Rome ou
dans tout autre lieu (*Fr.* 2, § 5, *D. ib.*). Mais il ne suffisait
pas qu'on eût été payé pour monter en scène sans cependant
y paraître; il fallait qu'on se fût réellement donné en spectacle pour que l'infamie fût encourue (*Fr.* 3, *D.* 3, 2.)

75. On a vu plus haut (n° 8) que les gladiateurs qui combattaient les bêtes féroces dans l'arène rentraient dans la

classe des *turpitudine notabiles* (*Fr.* 1, § 6, *D.* 3, 1), c'est-à-dire qu'ils se trouvaient placés par le préteur dans une situation plus défavorable que les infâmes proprement dits : tandis que ces derniers conservaient le droit de postuler pour certaines personnes déterminées par le préteur, les premiers ne pouvaient agir en justice que pour eux-mêmes. (*Fr.* 1, § 6, cbn. § 8, *D.* 3, 1.)

§ 3. « Lenones ».

76. L'infamie résulte en troisième lieu, aux termes de l'édit, du fait d'exercer le métier de proxénète, d'exploitant d'une maison de prostitution, ou de trafiquant de femmes esclaves en vue de la prostitution. Toutes ces significations sont comprises dans l'expression latine que nous trouvons dans l'édit : « *qui lenocinium fecerit* » (*Fr.* 1, cpr. *Fr.* 4, § 2, *D.* 3, 2). Les faits de ce genre étaient d'autant plus notoires que ces individus se trouvaient, dans l'exercice de leurs métiers, sous la surveillance des édiles, sans l'autorisation desquels de pareils établissements ne pouvaient exister, ni de pareilles entreprises être exécutées.

77. Le *lenocinium* dont il est ici question ne doit pas être confondu avec le fait auquel on a appliqué ce mot par assimilation, et dont il a été parlé plus haut (nº 33, 7º) : tandis que l'infamie intervient ici de plein droit et par le fait seul, elle n'était encourue par le mari qui prostituait sa femme qu'après condamnation *in judicio publico*.

78. Peu importait pour le présent cas que l'on exerçât la prostitution comme industrie principale, ou (ce qui paraît avoir été fort commun) accessoirement, en s'abritant derrière la profession d'hôtelier, d'aubergiste ou d'exploitant d'une maison de bains (*Fr.* 4, § 2, *D.* 3, 2). Peu importait aussi qu'on se livrât à un pareil métier pour le compte d'au-

trui ou au sien propre (*Fr. 43*, § 8, *D. 23*, 2). On décidait même que l'infamie atteignait l'affranchi qui, comme esclave, aurait fait un pareil métier (*Fr. 4*, § 3, *D. 3*, 2). — Mais ceci ne s'appliquait pas aux femmes affranchies : « *Imperator Severus rescripsit non obfuisse mulieris famæ quæstum ejus in servitute factum.* » (*Fr. 24*, *D. 3*, 2.)

79. Cette dernière disposition me conduit à examiner la question de savoir si les *lenæ* étaient notées d'infamie. — On soutient ordinairement l'affirmative par argument *a contrario* du texte que je viens de transcrire. Mais il suffit de se rappeler le but que se proposait le préteur en créant la classe des infâmes pour être convaincu que la note d'infamie ne pouvait être d'aucune application aux femmes, déjà écartées de la postulation d'une manière générale, à raison de leur sexe. (*Fr. 1*, § 5, *D. 3*, 1.)

Les seuls textes qui parlent clairement de l'infamie des *lenæ* et des prostituées se rapportent aux lois Papiennes (*Fr. 43*, *D. 23*, 2 ; ULP., Regl. XIII). Ce ne fut que par suite des règles sur le *connubium* et des incapacités établies par ces lois que l'infamie fut étendue aux femmes de mauvaise vie : encore n'était-ce pas la note d'infamie dans le sens propre attaché à cette expression, mais une réprobation d'un genre particulier établie par ces lois et n'ayant d'autre effet à l'origine que d'empêcher le mariage des ingénus avec de pareilles femmes. J'aurai l'occasion de revenir plus longuement sur ce point. (N° 127 et suivants.)

§ 4. Sodomites.

80. Les sodomites ou pédérastes étaient rangés par le préteur au nombre des *turpitudine notabiles*, et se trouvaient ainsi placés plus bas encore que les *infames* prétoriens. ULPIEN en fait mention en ces termes au Fr. 1, § 6, D. *de postulando* 3, 1 : « *Removet* (*prætor*) *a postulando pro aliis et*

eum qui corpore suo muliebria passus est. » Et le jurisconsulte ajoute : « *Si quis tamen vi prædonum vel hostium stu-
pratus est, non debet notari, ut et Pomponius ait.* »

Ce genre de débauche était réprimé sous la République
par la loi Scatinia ou Scantinia, dont la sanction était une
amende de 10,000 sesterces, et sur laquelle nous n'avons
d'ailleurs que des données fort vagues. Il suffit de parcourir
les auteurs satiriques pour voir combien cette débauche prit
d'extension sous l'Empire. Constantin, pour y couper court,
adressa au peuple une constitution, dont je me bornerai à
transcrire les termes énergiques : « *Cum vir nubit, in fœmi-
nam viris porrecturam, quid cupietur ubi sexus perdidit
locum? ubi scelus est id, quod non proficit scire? ubi Venus
mutatur in alteram formam? ubi amor quæritur, nec videtur? Jubemus insurgere leges, armari jura gladio ultore,
ut exquisitis pœnis subdantur infames qui sunt vel qui fu-
turi sunt rei.* » (*C.* 31, *C.* 9, 9. — Voy. aussi les *Novelles*
77, ch. 1 et 141.)

§ 5. Mariage avant l'expiration du deuil.

81. Le cas d'infamie dont l'examen fait l'objet de ce paragraphe est la partie de notre sujet qui présente le plus
d'obscurité et qui soulève les plus nombreuses difficultés. —
Voici comment s'exprimait l'édit, d'après le fragment du jurisconsulte JULIEN, inséré au Digeste en tête du titre *De his
qui notantur infamia* (3, 2) :

« *Infamia notatur...* QUI *eam quæ in potestate ejus esset,
genero mortuo; cum eum mortuum esse sciret, intrà id tempus
quo elugere virum moris est, antequam virum elugeret, in
matrimonium collocaverit,* — *eamve sciens* QUIS *uxorem
duxerit, non jussu ejus in cujus potestate esset,* — *et* QUI
*eum quem in potestate haberet eam de qua supra compre-
hensum est uxorem ducere passus fuerit.* »

On ne s'étonnera pas de ne pas trouver mention dans ce texte de l'infamie qui frappait en pareil cas la veuve elle-même. Par des motifs tirés du but originaire de l'institution, et sur lesquels j'ai déjà eu l'occasion d'insister à diverses reprises, la note d'infamie prétorienne n'atteignait pas les femmes : ce ne fut que quand l'institution primitive se fut étendue et modifiée, qu'elle put leur être et leur fut également appliquée ; ce ne fut qu'à partir de cette époque que cette note frappa la veuve remariée avant l'expiration du deuil de son premier mari.

82. Pour jeter un peu de jour sur les points obscurs que présente cette question, il faut essayer de la suivre dans les modifications qu'elle a subies aux diverses époques de la législation.

Numa déjà, à en croire PLUTARQUE, avait imposé aux citoyens l'obligation de porter le deuil de leurs parents. Voici comment s'exprime le biographe : «Il régla aussi la durée du deuil suivant l'âge des personnes pour qui on le portait. Il le défendit pour un enfant au-dessous de trois ans ; depuis cet âge jusqu'à celui de dix, il le fixa à autant de mois qu'on aurait vécu d'années ; mais le plus long deuil était de dix mois : on ne le portait pour personne au delà de ce terme, à quelque âge que l'on fût mort : c'est le temps que les veuves le portent pour leurs maris. Il avait ordonné que la femme qui se remarierait avant ce terme sacrifierait une vache pleine.» (*Vie de Numa*, trad. RICARD, ch. XV, *in fine*.)

Ceci est parfaitement d'accord avec le passage suivant qui se lit dans les Fragments du Vatican, et qui a été probablement emprunté à ULPIEN : *Lugendi autem sunt parentes anno, item liberi majores X annorum œque anno. Quem annum decem mensuum esse POMPONIUS ait : nec leve argumentum est annum X mensuum esse, cum minores liberi tot mensibus elugeantur quot annorum decesserint, usque ad trimatum: minor trimo non lugetur sed sublugetur; minor anniculo neque lugetur, neque sublugetur.* » (*Fr. Vat.* § 321, *in fine.*)

83. Cependant Paul indique d'autres délais: «*Parentes et filii majores sex annis anno lugeri possunt; minores, mense; maritus decem mensibus, et cognati proximioris gradus, octo....*» (*Sent. recept.* I, 21, § 13). Mais l'authenticité de ce texte, restitué par Cujas d'après le *Codex Vesontinus*, est contestée. Quoi qu'il en soit, il résulte de ces différents passages que le fait de porter le deuil n'était pas considéré comme un simple devoir de piété, mais comme une obligation imposée par la loi. Quelle était la sanction de cette obligation? Probablement la réprobation publique, confirmée par une *animadversio censoria* qui, lors de la transformation qu'éprouva l'institution prétorienne, se confondit avec l'infamie. Cela semble résulter du texte de Paul que j'ai cité plus haut, et qui continue ainsi: « *Qui contra fecerit*, INFAMIUM NUMERO *habetur.*» Cependant cette assertion paraît être en contradiction formelle avec ce que dit Ulpien: « *Parentes et liberi utriusque sexus nec non et cæteri agnati vel cognati secundum pietatis rationem vel animi sui patientiam*, PROUT QUISQUE VOLUERIT, *lugendi sunt. Qui autem eos non eluxit*, NON *notatur infamia.*» (*Fr.* 23, *D.* 3, 2.)

84. Il paraît au premier abord fort difficile de concilier ces deux textes. On ne saurait admettre, sur une question aussi importante, une simple différence d'opinion entre Paul et Ulpien, qui vivaient à la même époque. Pour tourner la difficulté, on a voulu voir une interpolation dans les mots que j'ai soulignés au passage emprunté à Ulpien. Mais ce moyen, fort commode sans doute, de se tirer d'embarras, ne repose que sur une supposition toute gratuite, car tous les manuscrits des Pandectes donnent la leçon que j'ai transcrite.

85. A mon sens, toute apparence d'antinomie disparaît, et le texte d'ULPIEN trouve une explication fort naturelle, si l'on observe la terminologie adoptée ici par les jurisconsultes. Il résulte évidemment de l'examen et de la comparaison des textes que les mots *lugere* et *elugere* ne doivent pas être considérés comme synonymes. La différence de signification attachée à chacun de ces mots est frappante surtout au § 1 du *Fr.* 11 de notre titre (3, 2), dans lequel ULPIEN s'exprime ainsi : « *Et si talis sit maritus quem more majorum* LUGERE *non oportet,* NON *posse eam nuptum intra legitimum tempus collocari : prætor* ENIM *ad id tempus se retulit quo vir* ELUGERETUR; QUI SOLET **elugeri** PROPTER TURBATIONEM SANGUINIS.» L'opposition est ici évidente, et le jurisconsulte détermine clairement par les derniers mots de la phrase le sens spécial du mot *elugere*. La même opposition se remarque encore au § 3 du même fragment, car sans la différence que j'indique, le mot *ergo*, qui se trouve dans la dernière phrase de ce paragraphe, ne s'expliquerait pas. Donc, *lugere* était le mot propre pour dire porter le deuil, *lugubria sumere* (*Fr.* 8, *in f.*, *D.* 3, 2); c'est-à-dire s'abstenir des festins, des bijoux, de la pourpre et des vêtements de couleur claire (PAUL, *Sent.* I, 21, § 14). Au contraire, *elugere* indique, ULPIEN nous le dit clairement, l'obligation pour la femme de rester veuve pendant le temps déterminé pour empêcher la *turbatio sanguinis*. Enfin, le mot *sublugere*, que nous trouvons à la fin du § 321 des Fragments du Vatican, ne paraît exprimer que l'action physique de verser des larmes, de sorte que ce texte, reproduit ci-dessus, devrait être entendu ainsi : On pleure la mort des enfants de moins de trois ans, mais on n'en porte pas le deuil ; on ne porte pas le deuil de ceux âgés de moins d'un an ; on ne les pleure même pas.

86. Il y a donc entre *lugere* et *elugere* cette différence,

que le premier de ces mots signifie *être en deuil, porter des habits de deuil*, et le second, *s'abstenir d'un acte* (le mariage) *pendant la durée légale du deuil*. ULPIEN, en employant, au *Fr.* 23 de notre titre, ce dernier mot, en parlant des personnes mâles, raisonne ainsi : Le motif (la crainte de la *turbatio sanguinis*) qui a fait contraindre la femme d'*elugere* son mari défunt, n'existe pas pour ces personnes : donc elles n'encourent pas la note d'infamie si elles *se marient* pendant qu'elles sont en deuil. Ce texte est donc conçu à un point de vue tout différent de celui auquel s'était placé PAUL, aux §§ 13 et 14 de ses Sentences, I, 21, où il n'est question que de l'obligation de porter le deuil (*lugere*).

87. Cependant les textes que nous discutons présentent une autre difficulté, qui résulte des termes facultatifs *possunt* (§ 13, *Sent.* I, 21) et *prout quisque voluerit* (*Fr.* 23, *D.* 3, 2), qu'ont employés ULPIEN et PAUL. Ceci peut s'expliquer peut-être par cette circonstance que les hommes n'étaient pas astreints à porter le deuil pendant une durée de temps légalement déterminée. Le jurisconsulte auquel les Fragments du Vatican ont emprunté leur § 321 semble le dire dans les mots suivants : *Hic omnes parentes accipe utriusque sexus : nam lugendi eos* MULIERIBUS *moris est,* QUAMQUAM PAPINIANUS, *libro II Quæstionum,* ETIAM A LIBERIS VIRILIS SEXUS *lugendos esse dicat,* QUOD NESCIO UBI LEGERIT. *Sed quatenus extendatur parentum appellatio non est definitum apud quemquam : itaque erunt lugendi etiam ex femino sexu parentes....* » Suit le passage reproduit au n° 82 *supra*, sur la durée du deuil déterminée d'après le degré de parenté. Par une singulière coïncidence, le *Digeste* nous a conservé le fragment de PAPINIEN, auquel le texte ci-dessus fait allusion : *Papinianus, libro II Quæstionum: « Exheredatum quoque filium luctum habere patris memoriæ placuit, idemque et*

H.   5

in matre juris est, cujus hereditas ad filium non pertinet. »
(*Fr.* 25, *pr. D.* 3, 2.)

88. Il semble ressortir des contradictions mêmes de ces textes, émanés des trois principaux jurisconsultes de l'époque classique, que si l'obligation de porter le deuil s'appliquait également encore aux hommes, ceux-ci n'étaient cependant pas astreints à observer les délais qui, d'après PLUTARQUE, avaient déjà été déterminés par Numa; il suffisait que chacun portât le deuil *prout voluerit.* Mais ce n'était pas dire cependant qu'on était libre d'en abréger, par exemple, la durée d'une façon dérisoire : on était tenu d'observer la coutume et les convenances, *sous peine d'infamie*, nous dit PAUL. (*Sent.*, *loc. cit.*) ULPIEN n'est pas si précis ni si formel au *Fr.* 23 de notre titre, mais la même conséquence paraît devoir être tirée de ce texte, si l'on se rappelle la différence de signification des mots *lugere* et *elugere.* — Le doute que l'on a élevé sur l'authenticité du passage des Sentences de PAUL, le *nescio ubi legerit* des Fragments du Vatican, les termes vagues qu'emploient ULPIEN et PAPINIEN, permettent cependant d'hésiter sur l'exactitude de cette solution, qui n'est plus d'ailleurs d'aucune importance à l'époque de JUSTINIEN, car l'obligation de porter le deuil n'était plus alors qu'un devoir de piété, dépourvu de sanction légale.

89. Il est certain, au contraire, que jusque sous le règne de Gordien, les femmes furent tenues à la fois de *lugere* et *elugere* pendant les délais légalement déterminés, non pas seulement leurs maris, mais aussi *omnes parentes utriusque sexus, liberosve suos* (*Arg. Fr. Vat.* § 320 et 321, cbn. *C.* 15, *C.* 2, 12), et que ce ne fut que par un sénatus-consulte, rendu probablement sous le règne d'Alexandre-Sévère, qu'elles ne furent plus obligées, au risque de l'infamie, de porter des habits de deuil. — A partir de ce moment la note d'infamie n'intervenait plus que dans le cas de célébration

d'un nouveau mariage avant l'expiration du délai pendant lequel la veuve devait *elugere* son mari défunt. L'obligation de *lugere* n'eut dès lors plus de sanction, ni pour les hommes, ni póur les femmes.

'90. Pour aborder maintenant plus directement l'objet de ce paragraphe, comparons le texte de l'Édit, tel que nous le donne JULIANUS au § 1 de notre titre, avec celui que nous trouvons au § 320 des Fragments du Vatican. Afin de mieux faire ressortir les passages dans lesquels ils diffèrent, je placerai ces deux textes en regard :

Texte de l'Édit

d'après le *Fr.* 1, *D.* 3, 2.	d'après le § 320 des *Vaticana fragmenta.*
« *Qui eam quæ in potestate ejus esset, genero mortuo, cum eum mortuum esse sciret, intra id tempus quo elugere virum moris est, antequam virum elugeret,*	« *Et qui eam quam in potestate habet, genero mortuo, cum eum mortuum esse sciret....*
in matrimonium collocaverit; — eamve sciens quis uxorem duxerit non jussu ejus in cujus potestate est; —	*in matrimonium collocaverit; — eamve sciens uxorem duxerit;*
et qui eum quem in potestate haberet, eam de qua supra comprehensum est, uxorem ducere passus fuerit. »	*et qui eum quem in potestatè haberet, earum quam uxorem ducere passus fuerit,*
	quæ virum, parentem, liberosve suos, uti mos est, non duxerit; quæ cum in parentis sui potestate non esset, viro mortuo, cum eum mortuum esse sciret, intra id tempus quo elugere virum moris est, nupserit. —

91. Sans m'arrêter aux différences de détail, j'appellerai l'attention sur la dernière partie du texte des Fragments du Vatican, laquelle ne se trouve pas dans la version donnée par le Digeste. Cela peut s'expliquer ainsi: La note d'infamie, telle que l'avait faite le préteur, ne pouvait être d'aucune appli-

cation aux femmes. Il en était encore ainsi lors de la rédaction de l'édit perpétuel, sous le règne d'Adrien, car à cette époque le travail de jurisprudence, qui se fit plus tard au sujet des lois Papiennes, n'était pas encore opéré. — Cependant, Numa déjà, d'après le passage de PLUTARQUE que j'ai cité, avait, sous une forme symbolique, attaché une sorte de réprobation au mariage d'une veuve avant l'expiration du deuil de son mari. Quand les lois Papiennes, dans le but d'empêcher la *turbatio sanguinis,* eurent établi des délais légaux de viduité, les femmes qui contrevenaient à ces dispositions furent assimilées aux *mulieres famosæ.* Pendant la période classique, on confondit insensiblement ces personnes avec les *infames* prétoriens qui, par la transformation de l'institution, avaient déjà absorbé ceux dont la note ne relevait autrefois que de la juridiction des censeurs. Or, le § 320 des Fragments du Vatican ne nous donne, croyons-nous, que le texte de l'édit tel qu'il fut modifié par cette œuvre d'assimilation des jurisconsultes : c'est à ce texte que fait allusion la constitution 15, *C.* 2, 12, en disant que la femme encourt l'infamie *en vertu de l'édit perpétuel.* C'est aussi là le *novissimum jus* dont parlent les *C.* 1, *C.* 5, 9 et *C.* 4, *C.* 6, 56. Cette dernière expression est exacte, la première ne l'est pas. Car l'édit perpétuel, tel que l'avait rédigé SALVIUS JULIANUS, ne parlait pas et ne pouvait parler de l'infamie des femmes, la note qui les frappait ne venant pas du préteur, mais des lois Papiennes.

92. Pour résumer cette trop longue discussion, voici quelle dut être avant Justinien la marche de la législation en cette matière :

1° Tant que l'institution de l'infamie resta exclusivement prétorienne, cette note ne frappait, à raison des faits dont il est ici question, que les personnes énumérées dans le passage de l'édit reproduit au n° 81 *supra,* c'est-à-dire les

hommes qui se seraient rendus complices du mariage prématuré d'une veuve. Quant à ceux qui ne portaient pas le deuil
de leurs parents, ils n'étaient, selon toute apparence, pas
infâmes, dans le sens originaire de ce mot, mais souffraient
d'une réprobation publique, qui fut assimilée à l'infamie par
les jurisconsultes classiques.

2° Les lois Papiennes, rendues sous Auguste, introdui-
sirent, pour les femmes, une *infamie spéciale*, sur laquelle
je reviendrai plus loin, et qui atteignait également les veuves
qui ne s'étaient pas conformées aux prescriptions relatives
aux secondes noces.

3° Les jurisconsultes classiques, refondant toute notre
matière d'après les modifications qu'elle avait successivement
éprouvées, soit avant eux, soit par eux, rangèrent, pour les
cas qui se rapportent à la présente question, parmi les personnes infâmes :

a) Celles déclarées telles par le texte de l'édit. (*Fr. Vat.*,
§ 320.)

b) La femme veuve qui contrevenait aux dispositions des
lois Papiennes. (*Ib. in fine ;* ULP. *Fr.* 11, *D.* 3, 2.)

c) Les parents, en général, qui ne s'étaient pas soumis à
l'obligation de porter le deuil (PAUL, *Sent.* I, 21, § 13 ; *Arg.*
ULP. *Fr.* 23, et PAPINIEN *Fr.* 25, *D.* 3, 2, cpr. *Fr.* 9, *ibid.*).
Cependant, d'après le § 321 des Fragments du Vatican, cette
obligation ne paraît plus avoir été imposée à cette époque
qu'aux femmes. En tous cas, le deuil n'était pas pour les
hommes un obstacle au mariage. (*Fr.* 23, *in fine, D.* 3, 2.)

4° La législation que je viens d'esquisser ne subsista que
jusqu'à la fin du règne d'Alexandre-Sévère, à moins qu'il
ne faille voir dans la *C.* 15, *C.* 2, 12, qu'une disposition
exceptionnelle et de faveur. Quoi qu'il en soit, il est certain
que sous le règne de Justinien, l'obligation de porter le deuil
des parents n'était plus qu'un devoir de piété, dépourvu de

sanction pénale, et c'est dans ce sens qu'il faut entendre à cette époque les dispositions des *Fr.* 23 et 25, *D.* 3, 2, et du *Fr.* 17, *D.* 23, 1.

93. Lors de la rédaction des Pandectes et du Code, l'infamie ne résultait donc plus, au point de vue qui nous occupe, que de la célébration d'un nouveau mariage pendant la durée du deuil, et le motif en était la crainte de la *turbatio sanguinis*. Cela résulte clairement, et des termes de l'édit tel qu'il nous est rapporté par le *Fr.* 1, *D.* 3, 2; et des *C.* 15, *C.* 2, 12; *C.* 1, 2, *C.* 5, 9; *C.* 4, *C.* 6, 56. Cela ressort encore d'autres textes conservés au Digeste. Ainsi d'une part, l'obligation de rester en état de viduité (*elugere*) subsistait pour la veuve lors même que son mari défunt se trouvait dans la classe des personnes dont on ne portait pas le deuil (*lugere*), tels que les soldats passés à l'ennemi, les individus condamnés pour crime de haute trahison, les personnes qui s'étaient pendues, et en général celles qui s'étaient donné la mort, non par dégoût de la vie, mais poussées par une mauvaise conscience (*Fr.* 11, § 1 et 3, *D.* 3, 2; cpr. *Fr.* 35, *D.* 11, 7; *Fr.* 4, *D.* 48, 21). D'autre part au contraire, l'accouchement de la femme pendant qu'elle est en deuil de son mari, la délie de l'obligation de poursuivre son veuvage: elle peut se remarier immédiatement (*Fr.* 11, § 2, *D.* 3, 2). Dans toute autre circonstance ce n'était que par une faveur spéciale du prince que la veuve pouvait être autorisée à se remarier avant l'expiration du délai légal (*Fr.* 10, *pr. D.* 3, 2; *C.* 1, *C.* 5, 9), qui avait été porté à douze mois par la *C.* 2, *C.* 5, 9, rendue en 381, sous les empereurs Gratien, Valentinien II et Théodose. Mais rien n'empêchait la femme de se fiancer pendant le cours de son deuil (*Fr.* 10, § 1, *D.* 3, 2), car la *turbatio sanguinis* n'était pas à craindre par suite de ce fait.

94. Outre la veuve, la note d'infamie frappait, à raison du

mariage contracté par celle-ci avant l'expiration de son deuil, la personne sous la puissance de laquelle elle se trouvait, et qui l'avait donnée en mariage pendant le cours du délai légal de viduité; et celui qui aurait épousé, ou qui aurait permis au fils sous sa puissance d'épouser cette veuve, pendant qu'elle était encore en deuil de son premier mari (*Fr.* 1, *D.* 3, 2). Mais il faut apporter quelques restrictions à la généralité de ces termes. Ces personnes n'étaient notées d'infamie que si elles avaient agi sciemment. A ce sujet, le passage de l'édit est quelque peu obscur, et demande à être bien compris. Il y est dit : « *Qui eam... genero mortuo, cum eum mortuum esse sciret,* INTRA ID TEMPUS QUO ELUGERE VIRUM MORIS EST, ANTEQUAM VIRUM ELUGERET, *in matrimonium collocaverit.* » A première vue, l'on est tenté de traduire cette phrase de la manière suivante: « Celui qui, connaissant la mort de son gendre, aura donné sa fille en mariage, pendant le temps qu'il est d'usage de pleurer le mari, et avant qu'elle ne l'ait fait. » Mais une pareille traduction est inadmissible, car elle conduit à dire que si le père avait marié sa fille *dans l'ignorance de la mort* de son gendre, il était excusable et échappait à l'infamie, alors cependant qu'en pareil cas il se rendait manifestement complice du fait de bigamie. On n'arrive pas à cette conséquence absurde, si l'on construit autrement la phrase, en ne reportant à *collocaverit* que les mots *antequam virum elugeret,* et en rattachant le membre de phrase *intra id... moris est,* à *cum eum... sciret,* de sorte que le sens du passage de l'édit serait alors celui-ci : « Le père ne devient infâme que si, ayant appris la mort de son gendre avant l'expiration de la durée légale du deuil, il a consenti au nouveau mariage avant que le temps prescrit fût écoulé. Il est au contraire excusable si son erreur porte sur l'époque de cette mort. »

Supposons que le gendre soit à l'armée et qu'on n'en ait

pas reçu de nouvelles. Au bout de dix-huit mois on apprend qu'il est mort dans le premier mois qui a suivi son départ. Mais ce renseignement était faux; la vérité est qu'il n'est mort que depuis trois mois. Si dans ce cas la veuve s'était remariée immédiatement après la réception des premières nouvelles, ni son père ni elle n'étaient frappés d'infamie, car il y avait de leur part ignorance de fait. (SAVIGNY, *op. cit.*, t. II, Append. VII, n° X. — Voy. *Fr.* 8 et 11, § 4, *D.* 3, 2; — *C.* 15 *in fine*, *C.* 2, 12.)

95. Le fils de famille qui aurait épousé une veuve pendant la durée légale du deuil, échappe à l'infamie s'il n'a contracté le mariage que pour obéir à l'ordre de son père, et encore que devenu *sui juris,* il n'ait pas divorcé avec sa femme. Le chef de famille qui avait donné l'ordre, ou qui même s'était borné à ne pas s'opposer en pareil cas au mariage, était seul noté d'infamie (*Fr.* 1, 11, § 4, *Fr.* 12, 13 pr. *D.* 3, 2). Mais ici encore il fallait nécessairement, pour que l'infamie intervînt, que le père eût agi en connaissance de cause. S'il y avait ignorance de fait, si par exemple, n'apprenant que postérieurement à sa célébration, le mariage qu'avait contracté son fils avec une veuve en deuil de son précédent mari, il ratifiait une pareille union, l'infamie ne le frappait pas, car le mal que la loi voulait prévenir, la *turbatio sanguinis,* s'était accompli à l'insu du père, et dès lors il n'y avait pas de motif de lui infliger la peine (*Fr.* 13, pr. *D.* 3, 2). Mais bien entendu que dans cette hypothèse la note d'infamie atteignait le fils.

96. On aura remarqué qu'il ne s'agit dans ce qui précède que du cas où le premier mari serait décédé. Mais *quid*, si le précédent mariage a été dissous, non par la mort, mais par le divorce? Les textes qui sont relatifs à notre matière n'en parlent pas, et avec raison, car d'autres règles sont applicables dans ce cas. La peine n'est pas simplement la note

d'infamie, avec maintien du nouveau mariage (*Arg. Fr.* 12, 13, *D. h. t.*), mais la nullité absolue du mariage sans note d'infamie.

97. Il me reste, pour compléter l'examen de cette partie de mon sujet, à mentionner deux cas dans lesquels la note d'infamie frappait la femme veuve, d'après le droit nouveau.

En vertu du chapitre 2 de la Novelle 39 (15 des kal. de mai, 536), était notée d'infamie la femme veuve qui pendant l'année de deuil aurait eu des relations charnelles avec des hommes. C'est dans ce sens général que l'on doit, croyons-nous, entendre la disposition de cette Novelle, sans s'arrêter à la circonstance spéciale qui y a donné lieu, pour la restreindre, comme des auteurs le proposent, au seul cas où cette femme aurait, — je cite l'espèce qui a provoqué la décision de JUSTINIEN, — donné le jour à un enfant onze mois après le décès de son mari, c'est-à-dire à une époque où le deuil durait encore, et où la présomption *pater is est quem nuptiæ demonstrant* ne militait plus en faveur de la légitimité de l'enfant. La Novelle dont il est ici question repose, il est vrai, tout entière sur cette idée, mais un pareil fait ne dut être pour JUSTINIEN que la cause déterminante de la disposition. L'Empereur voulait réprimer un scandale; il le fait à l'occasion d'un événement qui rendait la faute indéniable; mais je ne crois pas que l'on doive aller jusqu'à dire que du moment que ce fait (la naissance d'un enfant plus de dix mois après la dissolution du mariage) n'existe pas, l'infamie ne frappe pas. Il résulte au contraire du contexte du chapitre que je discute, et dont le véritable sens est, il est vrai, un peu obscurci par l'emphase de l'expression, que JUSTINIEN voulait frapper d'infamie toutes les femmes qui, pendant la durée de leur deuil, violeraient par la légèreté de leur conduite l'obligation qui leur était imposée d'éviter tout commerce charnel, c'est-à-dire toute *turbatio sanguinis*.

Cela ressort jusqu'à l'évidence de ce passage de la Novelle (pr. du ch. 2) où l'empereur « rougit de l'impudeur de cette femme qui ose prétendre qu'elle n'a pas contrevenu aux termes de l'édit, parce que le concubinage ne saurait être considéré comme un second mariage. »

98. La deuxième extension apportée par Justinien à l'infamie qu'encouraient les veuves, résulte du chapitre 40 de la Novelle 22, rendue un mois avant celle dont il est question au numéro précédent (15 des kal. d'avril, 536). Justinien déclare infâme la mère tutrice de ses enfants, qui se serait remariée avant d'avoir rendu ses comptes et d'avoir provoqué la nomination d'un nouveau tuteur. La peine est ici fondée sur le parjure, car la mère s'engageait par serment, lors de son entrée dans la tutelle, à ne pas contracter un nouveau mariage avant d'avoir rendu compte et fait pourvoir à son remplacement. (Voy. *Nov.* 22, ch. 40.)

§ 6. Bigamie, doubles fiançailles.

99. L'édit mentionne en dernier lieu comme entraînant l'infamie immédiatement et sans jugement, le fait de contracter en même temps deux mariages ou deux fiançailles : « *Infamia notatur.... qui suo nomine, non jussu ejus in cujus potestate esset, ejusve nomine quem quamve in potestate haberet, bina sponsalia binasve nuptias in eodem tempore constitutas habuerit.* » (*Fr.* 1, *in fine*, *D.* 3, 2. Voy. *C.* 2, *C.* 5, 5.)

100. Je me bornerai ici à quelques courtes observations. Peu importe qu'il soit intervenu en même temps ou successivement (*Fr.* 13, § 2. *D.* 3, 2) deux mariages ou deux fiançailles, ou que pendant qu'on est engagé dans les liens d'un mariage on contracte des fiançailles avec une autre personne, et réciproquement (*Fr.* 13, § 3, *D.* 3, 2). — Peu importe aussi que le nouveau mariage soit légalement impossible

nul en soi, eu égard à la condition ou aux relations de parenté des personnes entre lesquelles il est projeté : on ne considère ici que le fait, et non les obstacles légaux qui pourraient s'opposer à l'accomplissement de ce fait. (*Fr* 13, § 4, *D.* 3, 2; *C.* 18, *C.* 9, 9; cpr. *Fr* 4, *D.* 25, 7; PAUL, *Sent.* II, 20; *C.* 7, *C.* 1, 9; Nov. 18, ch. 5; Nov. 89, ch. 12, § 5.)

101. Nous retrouvons ici une exception déjà signalée au paragraphe précédent (n° 95). Si la bigamie ou les doubles fiançailles avaient été contractées par ordre ou sans opposition du chef de famille, l'infamie n'atteignait que ce dernier et épargnait le fils qui n'aurait agi que par obéissance ou avec l'encouragement tacite de la personne sous la puissance de laquelle il se trouvait. — Il en était à plus forte raison de même si le père de famille avait lui-même conclu le second mariage ou les secondes fiançailles au nom de l'enfant placé sous sa puissance. (*Fr.* 1, et 13, § 1, *D.* 3, 2.)

102. Il est superflu de faire remarquer que d'autres peines pouvaient venir s'ajouter à la note d'infamie en cas de bigamie. Tel serait le cas où un homme tomberait sous le coup de la loi Julia *de adulteriis* pour avoir contracté un second mariage en se faisant, pour y parvenir, faussement passer pour célibataire (*C.* 18, *C.* 9, 9; v. aussi *C.* 5, *C.* 5, 3). Mais dans une pareille hypothèse l'infamie ne résultait pas moins du seul fait de bigamie, et non du *judicium publicum* à intervenir : aussi cette note subsistait-elle malgré l'absolution de l'accusé. (Voy. encore n° 66).

DEUXIÈME DIVISION.

Des cas d'infamie immédiate établis postérieurement à la rédaction de l'Édit perpétuel.

103. Les cas d'infamie immédiate qu'il nous reste à in-

diquer ne nous arrêteront pas longtemps, bien qu'ils soient infiniment plus nombreux que ceux qui ont été examinés dans la précédente division. A l'époque où l'infamie fut appliquée aux cas dont je vais m'occuper, cette institution avait complétement perdu son caractère primitif, et l'incapacité de postuler, qui originairement avait été l'unique effet de l'infamie, n'en était plus maintenant qu'une des conséquences accessoires. Néanmoins, il n'est pas inutile de faire remarquer que, des cas d'infamie établis par les empereurs, les plus nombreux intervenaient en matière judiciaire, et que ce n'était qu'exceptionnellement que cette note résultait de faits d'une autre nature. J'examinerai séparément, et en suivant autant que possible l'ordre chronologique, les cas d'infamie qui dérivaient de l'une et de l'autre de ces sources : une simple mention suffira le plus souvent, car l'infamie n'a ordinairement ici d'autre base que le bon plaisir des empereurs.

§ 1. En matière judiciaire, ou à l'occasion d'instances en justice.

104. L'infamie frappait de plein droit, indépendamment de toute condamnation,

A. LE JUGE :

1° Qui, par faveur ou par corruption, rendait un jugement inique (C. 2, de Constantin, an 312. C. 7, 49). Remarquons cependant que la véritable leçon de cette constitution est indécise. Certaines éditions portent : ... *non solum* ÆSTIMATIONIS *dispendii... præbeatur* » (GODEFROY); d'autres au contraire lisent EXISTIMATIONIS (KRIEGEL). Le sens, on le voit, est tout différent. La première leçon me paraît plus conforme au contexte de la constitution, et ce serait à tort que l'on voudrait alors faire résulter l'infamie de cette disposition de Constantin. (Cpr. *C.* 7, *C.* 7, 64; *Fr.* 15 *in fine*, *D.* 5, 1.)

2° Qui, dans une cause dont est appel, n'aurait pas envoyé à l'empereur toutes les pièces du procès (*C.* 15, *C.* 7, 62 : Constantin, 319). L'infamie peut se justifier ici par un soupçon de suppression de pièces, c'est-à-dire de partialité du juge à l'égard de l'une des parties au procès.

3° Qui aurait toléré, de la part des gardiens des prisons, de mauvais traitements envers les détenus par mesure préventive, et qui n'aurait pas immédiatement puni les auteurs de pareils actes. (*C.* 1, § 1, *C.* 9, 4 : Constantin, 320.)

4° Qui, contrairement aux privilèges de son ordre, aurait, dans une affaire criminelle, soumis un décurion à la torture. (*C.* 33, *C.* 10, 31, de Gratien, Valentinien et Théodose, 381.)

5° Qui, dans le ressort de sa juridiction, aurait établi en qualité d'*intercessor* ou *executor*, tant pour les affaires publiques que pour les affaires privées, un *præfectianus*, un *palatinus*, un soldat, ou une personne qui aurait antérieurement rempli l'une ou l'autre de ces fonctions. (*C.* 8, *C.* 1, 40, de Valentinien, Théodose et Arcadius, 386.)

6° Qui n'aurait pas poursuivi, qui aurait absous, ou qui n'aurait pas puni avec toute la rigueur édictée par la loi, une personne convaincue d'un crime de violence. (*C.* 8, § 2, *C.* 9, 12, des mêmes, 390.)

B. L'avocat :

1° Qui dans le cours d'un procès se rend coupable d'injures. (*C.* 6, § 1, *C.* 2, 6, de Valentinien et Valens, 368).

2° Qui aurait stipulé un *pactum de quota litis*, d'après l'opinion de quelques auteurs. Cependant l'infamie n'est pas expressément prononcée en pareil cas par les textes. Le passage le plus catégorique est le § 5 de la *C.* 6, qui vient d'être citée, et où il est dit que les avocats de la ville de Rome « *qui lucro pecuniaque capiantur, veluti abjecti atque degeneres inter vilissimos numerabuntur* (voy. aussi, *C.* 5, *ibid*). — Il résulte clairement des termes employés par cette constitution qu'il y avait ici infamie de fait, mais non de droit. Ce n'était que si l'avocat s'était fait payer des honoraires supérieurs à 10,000 sesterces, que l'infamie de droit pouvait intervenir, mais à la suite seulement d'un procès de concussion, et non pas immédiatement et pour le seul fait d'avoir stipulé des honoraires trop élevés. (V. et cpr. *Fr.* 53, *D.* 2, 14; *Fr.* 1, § 10 à 13, *D.* 50, 13; TACITE, Ann. XI, ch. 5, 6, 7, et XIII, ch. 42.)

3° L'avocat du fisc qui assiste, dans un procès contre le fisc, une personne autre que l'un de ses enfants, de ses petits-enfants ou de ses affranchis. (*Fr. de jure fisci*, § 16; cpr. *Fr.* 10, pr. *D.* 3, 1.)

C. L'APPELANT:

1° Qui injurie le juge d'appel. (*Fr.* 42, *D.* 47, 10; PAUL, *Sent.* V, 4, § 18.)

2° Qui succombe en appel. (*C.* 19, *C.* 7, 62, de Constantin, 331.)

3° Qui, au lieu d'user de la voie de l'appel qui lui est ouverte, adresse une supplique en grâce au souverain. (*C.* 3, *C.* 1, 21, du même, 331.)

D. EN MATIÈRE CIVILE:

1° Le débiteur qui, au lieu de faire volontairement cession de biens à ses créanciers, obligeait ces derniers à les vendre en masse (*C.* 7 et 8, *C.* 7, 71, de Justinien, 531, cbn. *C.* 11, *C.* 2, 12, d'Al. Sévère, 223). On sait que ce fut principalement pour éviter à la mémoire du défunt la tache déshonorante qui résultait d'une pareille vente, qu'avait été imaginée l'institution des esclaves en qualité d'héritiers nécessaires (§ 1. *Inst.* 1, 6). Aussi en est-il question dans GAIUS (II, § 154) à propos de cette classe d'héritiers: mais il semble ressortir des expressions employées dans ce paragraphe que c'était moins ici l'infamie proprement dite qu'une application de la note du censeur, *ignominia* et non *infamia*. — Ceci n'avait d'ailleurs plus d'importance à une époque où ces deux termes avaient perdu chacun leur sens propre, pour se confondre dans une même idée.

Déjà à l'époque de GAIUS on avait proposé d'épargner ce déshonneur au débiteur malheureux et de bonne foi, dont les biens auraient été vendus, non « *vitio suo* » mais « *necessitate juris* ». Mais les Sabiniens ne partageaient pas cet avis. (GAIUS, *loc. cit.*)

Néanmoins, la loi Julia *de cessione bonorum* vint au secours d'un pareil débiteur, en lui permettant d'échapper à la tache qui le menaçait, par le moyen de la cession de biens (*C.* 11, *C.* 2, 12; *C.* 8, *C.* 7, 71). Il résulte évidemment de là que la cession de biens n'avait par elle-même rien d'infamant, et c'est à tort qu'on a cru trouver l'indice du contraire dans la Novelle 135, dont certaines éditions donnent une traduction fautive. Les mots ἀσχήμονα τὸν βίον ἑαυτῷ περιτιθέναι ne signifient pas *ad* IGNOMINIOSAM *vitam transponi* (GODEFROI), mais bien INDECENTEM *vitam amplecti* (KRIEGEL); non plus que, dans le chapitre 1 de cette Novelle, on ne saurait traduire la phrase : καὶ τῷ τῆς ἀσχημοσύνης πιέζεσθαι μέχρι θανάτου ὀνειδισμῷ, par *itidem ad mortem usque premi opprobrio* IGNOMINIÆ (GODEFROI): elle est beaucoup plus exactement rendue par les mots: *et* CONTUMELIÆ *opprobrio ad mortem usque premi* (KRIEGEL). Le texte ainsi compris ne fait, comme on voit, aucune mention d'*ignominia* et moins encore d'*infamia* (ἀτιμία), et le sens de la Novelle est celui-ci: Le débiteur ne doit pas être forcé de faire cession de biens, car il est déjà suffisamment à plaindre de se voir obligé par son dénuement de *vivre misérablement*. (MAREZOLL, p. 199).

Le cas d'infamie dont je m'occupe ici n'était donc plus d'aucune application sous Justinien, car cette note ne résultait pas d'une simple cession de biens, et la *bonorum venditio*, telle que la comprenait le droit antérieur, avait été supprimée. (*Pr. Inst.* 3, 12.)

2° L'individu majeur de 25 ans, qui violerait un pacte (*de non petendo*) ou une transaction librement consenti par lui et auquel il s'est engagé par serment, — soit en sollicitant le juge, soit en adressant des suppliques au souverain, soit en ne remplissant pas les promesses qu'il a faites. La place qu'occupe au Code (titre *De transactionibus C. 41, C. 2, 4*) cette disposition, émanée d'Arcadius et Honorius (395), paraît indiquer qu'elle est particulière aux pactes et aux transactions, et qu'elle ne doit pas être étendue aux autres contrats.

E. A RAISON OU A L'OCCASION DE MATIÈRES CRIMINELLES :

1° L'accusateur qui, par son inaction (*tergiversatio*), aurait laissé périmer une action criminelle avant abolition. Le sénatus-consulte Turpillien, rendu sous le règne de Néron,]e réputait condamné *judicio publico calumniæ causa*. (*Fr.* 6, § 3, *D.* 50, 2 ; *C.* 1, *C.* 9, 44.)

2° L'individu contre lequel est décerné un *programma criminale* à raison d'un *crimen publicum* commis par lui (*C.* 3, *C.* 9, 40 de Honorius et Théodose, 421). Ceci se rapporte aux modifications qui furent introduites dans la procédure criminelle par SÉVÈRE et ANTONIN : avant eux, on mettait en jugement même les contumaces, mais ces empereurs décidèrent qu'à l'avenir les accusés non présents seraient sommés de comparaître, par une sorte de mandat appelé «*programma criminale.*» Le contumax prenait alors le nom de «*requirendus adnotatus.*» (*Fr.* 1, *D.* 48, 17, v. Cod. 7, 57).

3° Le fils de celui «*qui cum militibus vel privatis vel*

barbaris , scelestam inierit factionem, aut factionis ipsius
susceperit sacramentum vel dederit, de nece etiam virorum
illustrium qui consiliis et consistorio nostro intersunt, sena-
torum etiam (nam et ipsi pars corporis nostri sunt), vel
cujuslibet postremo qui nobis militat , cogitaverit (eadem
enim severitate voluntatem sceleris qua effectum puniri jura
voluerunt)... » (C. 5, pr. et § 1, C. 9, 8, d'Arcadius et Honorius, 397). — Je ne puis mieux faire que de transcrire
encore les passages suivants de cette constitution, dont la
disposition ne paraît pas devoir être généralisée, ni étendue
à d'autres cas que ceux qu'elle spécifie (*Arg.* § 7 de cette
const.) : « *Filii vero ejus, quibus vitam imperatoria specia-*
liter lenitate concedimus (paterno enim deberent perire
supplicio, in quibus paterni, hoc est hereditarii criminis
exempla metuuntur)... sint perpetuo egentes et pauperes,
INFAMIA EOS PATERNA SEMPER COMITETUR; AD NULLOS PRORSUS
HONORES, AD NULLA SACRAMENTA PERVENIANT ; *sint postremo*
tales ut his perpetua egestate sordentibus, sit et mors sola-
tium, et vita supplicium. » (*C. cit.* § 1.)

« *Id quod de prædictis eorumque filiis cavimus, etiam de*
satellitibus consciis, ac ministris filiisque eorum simili
severitate censemus. » (*C. cit.* § 6).

En vertu des règles générales d'interprétation, ces dispositions ne doivent pas être étendues aux petits-enfants : on
a même élevé des doutes sur la question de savoir si elles
étaient applicables aux enfants adoptifs ou nés hors mariage.
Il est certain que l'infamie n'atteignait pas en pareil cas les
filles à raison du fait de leur père : le § 3 de notre Constitution ne les prive même pas de tous droits héréditaires,
ainsi qu'en dispose le § 1 à l'égard des fils : elles sont
capables de succéder, si ce n'est à leur père, car son crime
entraînait la confiscation des biens. « *Mitior enim circa eas*
debet esse sententia quas pro infirmitate sexus minus ausuras

H.   6

esse confidimus. » Enfin, l'infamie ne rejaillissait non plus en pareil cas sur la femme du condamné. (*C. cit.*, § 5.)

§ 2. En matière extrajudiciaire.

105. L'infamie frappe immédiatement et de plein droit :

1º Les usuriers et ceux qui se rendent coupables d'anatocisme. (*C.* 20, *C.* 2, 12, de Dioclétien, 290 ; cpr. *C.* de Justinien, 28, *C.* 4, 32).

2º L'affranchi qui, pour être admis dans la curie, s'était fait passer pour ingénu (*C.* de Diocl. et Maximien, *unica*, *C.* 9, 21 ; cpr. des mêmes, *C.* 1, *C.* 10, 32). Cependant ce cas semble devoir être rangé parmi les causes qui entraînaient l'infamie médiatement, c'est-à-dire, par suite d'une condamnation prononcée en vertu de la loi Visellia (*C. un. C.* 9, 21). D'ailleurs toute cette disposition tomba du moment que toute différence fut supprimée entre les affranchis et les ingénus, par la Novelle 78.

3º Les sénateurs, duumvirs, phéniciarques et syriarques qui feraient passer pour légitimes et avantageraient comme tels, les enfants qu'ils auraient eus de femmes de bas étage avec lesquelles le mariage leur était interdit (*C.* 1, *C.* 5, 27, de Constantin, 336). Justinien supprima cette cause d'infamie par les Novelles 89, ch. 15, et 117, ch. 4.

4º Celui qui, fournissant une cachette à un décurion, lui permet ainsi de se soustraire à ses fonctions. (*C.* 31, *C.* 10, 31, de Valentinien, Valens et Gratien, 371.)

5º Les personnes qui intercéderaient auprès du souverain en faveur des *perduelles* dont il a été question au nº 104, *E*, 3º (*C.* 5, § 2. *C.* 9, 8, d'Arcadius et Honorius, 397). J'ai déjà cité plus haut l'infamie qui frappait le condamné qui adressait une supplique au prince au lieu d'user de la voie de l'appel. (V. nº 104, *C*, 3º). — Le cas de supplique que prévoit la *C. un.*, *C.* 1, 16, rendue par Valentinien, Théodose et Arcadius en 384, constituait le crime d'*ambitus :* l'infamie n'intervenait ici qu'à la suite d'une condamnation. — Enfin, l'infamie n'était pas attachée par les *C.* 3, *C.* 1, 19, et *C.* 10, *C.* 3, 1, au fait de supplique, comme le prétend à tort MAREZOLL.

6° Celui qui donnerait une interprétation malveillante à un rescrit ou à un privilége accordé par le souverain. (*C.* 2, *C.* 1, 14, de Théodose et Valentinien, 425.)

7° Les personnes qui, usurpant le titre de professeur, auraient réuni des élèves dans les salles consacrées aux leçons publiques. Cette disposition, émanée des empereurs Théodose et Valentinien (*C. un., C.* 11, 18, de l'année 425; — cpr. *C. un., C.* 12, 15, même année) était une conséquence de la constitution par laquelle l'empereur Julien exigeait, dès 362, que pour pouvoir exercer les fonctions de professeur, on fît ses preuves de moralité et de capacité et qu'on fût institué par décret. (*C.* 7, *C.* 10, 52.)

8° D'après une constitution de MAJORIEN, qui n'a pas passé au Code de JUSTINIEN, l'infamie frappait les personnes qui avaient contracté mariage sans constituer de dot, et un pareil mariage était déclaré nul.

9° Enfin, une constitution sans date, attribuée à JUSTINIEN, mais dont l'authenticité est contestée, déclare infâmes les chefs et affiliés de conventicules et de conspirations. (*C.* 3, *C.* 2, 59.)

CHAPITRE II.

Des effets de la note d'infamie.

---

106. — Les effets que produit la note d'infamie sont tantôt généraux, tantôt spéciaux. Dans une matière d'exception,

entièrement sortie du droit positif, comme celle dont il est ici traité, il faut avoir grand soin, sous peine de commettre de graves erreurs et de défigurer le caractère de l'institution, d'éviter les confusions et de ne pas se laisser entraîner à des extensions qui ne sauraient d'ailleurs être admises quand il s'agit de dispositions pénales. Mais, il faut le dire tout de suite, nous rencontrerons sous ce rapport de sérieuses difficultés, et peut-être ne saurons-nous pas toujours comprendre dans leur véritable sens certains textes ambigus ou obscurs, pour l'interprétation desquels nous n'aurons que les pâles lumières d'une critique dont nous ne nous dissimulons pas l'insuffisance.

107. J'envisagerai les effets de la note d'infamie en Droit romain sous différents points de vue, sans prétendre cependant observer un ordre précis et une délimitation rigoureuse dans les divisions que j'adopte. Dans l'examen d'un sujet qui a conservé l'empreinte des différentes phases de l'histoire du Droit romain, et qui a éprouvé dans son développement historique de si profondes et de si constantes modifications, il est en effet impossible d'établir une classification d'une rigueur absolue. Cette observation, qui peut être appliquée d'une manière générale à l'ensemble de notre sujet, est vraie surtout quand il s'agit de déterminer les conséquences, les résultats, les effets de l'institution, principalement à l'époque où elle était devenue entre les mains des empereurs une arme dont ils se servaient selon leur bon plaisir.

Sous le bénéfice de ces observations, j'examinerai successivement quelles étaient les conséquences de l'infamie au point de vue de la capacité juridique, politique et civile des personnes qui en étaient frappées.

SECTION PREMIÈRE.

Des effets de la note d'infamie en matière judiciaire.

108. La note d'infamie n'avait dans l'origine qu'un seul but et qu'un seul effet : l'interdiction de se présenter en justice, de postuler. Il est dès lors naturel d'examiner d'abord l'étendue des conséquences qui résultaient pour la personne notée d'infamie de l'incapacité de postuler qui pesait sur elle.

109. Il a déjà été question plus haut (n° 8) des trois classes de personnes que le préteur avait déclarées incapables d'agir en justice. Rappelons et complétons ce qui a été dit à ce sujet. — Les individus compris dans l'une de ces trois classes conservaient toujours le droit de postuler pour eux-mêmes, qu'ils fussent compris dans la catégorie des personnes déclarées incapables à raison de leur sexe ou d'infirmités, ou au nombre des *turpitudine notabiles,* ou parmi des personnes énumérées dans le troisième édit, et auxquelles le préteur avait assimilé les individus qu'il déterminait lui-même, et qui composaient la catégorie des infâmes proprement dits (*Fr.* 1, §§ 5 à 9. *D.* 3, 1). Mais tandis que l'interdiction de postuler pour autrui était absolue pour les *turpitudine notabiles*, hors le cas où ces personnes étaient chargées d'une tutelle ou d'une curatelle (ils pouvaient alors agir en justice au nom de leurs pupilles : *Fr.* 1 § 6 *in fine D. ib.*), les incapables compris dans le 3e édit, et par conséquent aussi les infâmes proprement dits, conservaient la capacité de se présenter pour certaines personnes énumérées en ces termes par le préteur : *Pro alio ne postulent, præter quam pro parente, patrono, patrona, liberis parentibusque patroni, patronæ,... liberisve suis, fratre, sorore, uxore, socero, socru, genero, nuru, vitrico, noverca ; privigno, privigna*

pupillo, pupilla, furioso, furiosa (*Fr.* 1, §§ 8 et 11, *D.* 3, 1), et GAIUS ajoute : «*fatuo, fatua, quum istis quoque personis curator detur*» (*Fr.* 2, *ib.*). — Ajoutons que pour celles des personnes ci-dessus indiquées qui n'étaient qu'alliées et non parentes, l'alliance devait être effective, c'est-à-dire exister encore au moment de l'instance. (*Fr.* 3, § 1, *D. ib.*)

110. En dehors des limites que je viens d'indiquer, l'incapacité de postuler était absolue pour l'une et l'autre classe; elle était d'ordre public, comme nous dirions aujourd'hui, et ne pouvait être couverte par le simple consentement de l'adversaire (*Fr.* 7, *D. ib.*). — Cependant l'interdiction qui frappait l'infâme ne portait pas sur la *postulatio pro libertate*, en qualité d'*assertor*, tant que subsista cette institution, supprimée par JUSTINIEN. (*C.* 1, *pr. C.* 7, 17). Le préteur n'écartait de ces dernières fonctions que ceux qui lui paraissaient suspects. (*Fr. Vat.*, § 324.)

111. De l'incapacité de postuler pour autrui résultait pour l'infâme l'incapacité d'être cessionnaire d'actions; car une pareille cession s'opérait toujours par la nomination du cessionnaire en qualité de *procurator* (*in rem suam*) du cédant (GAIUS, II, § 39, *Fr.* 24, *pr. D.* 4, 4; *Fr.* 3, § 5, *D.* 15, 3, cpr. PAUL, *Sent.* I, 2, § 3). Mais cette interdiction ne fut, plus tard, d'aucun objet, quand elle put être éludée à l'aide des actions *utiles*. (*C.* 9, *C.* 1, 39; SAVIGNY, *op. cit.*, § 82.)

112. Si les infâmes ne pouvaient en général représenter les plaideurs en justice, ils ne pouvaient, d'autre part, non plus se faire représenter. Les Fragments du Vatican nous fournissent à ce sujet un passage de l'Édit du préteur, qui n'a pas été conservé au Digeste § 322 : « *Verba autem edicti hæc sunt : Alieno nomine : item* PER ALIOS *agendi potestatem non faciam in his causis in quibus ne dent cognitorem, neve dentur, edictum comprehendit.* » Le paragraphe 323

nous donne de ce texte le commentaire que voici : « *Quod ait*, ALIENO NOMINE, ITEM PER ALIOS, *breviter repetit duo edicta: cognitorium unum, quod pertinet ad eos qui dantur,.... ut qui prohibentur vel* DARE *vel dari cognitores, iidem et procuratores* DARE *darive arceantur.* » Ce dernier paragraphe est évidemment tronqué. Il faut, pour rendre la déduction complète et intelligible, ajouter à la suite du mot « *dantur* » un membre de phrase qu'on a proposé de rédiger ainsi : « *prohibitorium alterum, quod pertinet ad eos qui* DANT *cognitores.* » Cette addition se justifie par le passage suivant de PAUL, que nous trouvons au *Fr.* 43, § 1, *D. de procurationibus* (3, 3): « *Cum quæratur* AN ALICUI PROCURATOREM HABERE LICEAT, *inspiciendum erit* AN NON PROHIBEATUR PROCURATOREM DARE : *quia hoc edictum* PROHIBITORIUM EST. »

113. L'infâme se trouvait ainsi placé dans une position très-défavorable, car s'il perdait son procès, il était toujours condamné en son nom personnel, et nous savons que le jugement ainsi rendu entraînait des conséquences qu'il ne produisait pas quand il était prononcé *alieno nomine*. Ainsi, par exemple, la note d'infamie n'avait d'effet que si la condamnation dont elle découlait était prononcée contre l'auteur même du fait incriminé. Cette particularité de la procédure romaine avait même conduit les empereurs à ordonner aux fonctionnaires et aux membres de leurs familles de se faire représenter dans les procès civils dont l'issue pourrait avoir pour conséquence de les frapper d'infamie. Étrange préoccupation du maintien de l'honneur dans les corps de l'État! (*C.* 25, *C.* 2, 13 ; *C.* 11, *C.* 9, 35 ; *Novelle* 71 ; cpr. n° 64.)

114. L'interdiction de constituer un procureur rendait autrefois l'infâme incapable de faire une cession d'actions ; mais cette conséquence de l'infamie disparut quand on mit en usage les actions utiles. (Cpr. n° 111.)

115. Si, contrairement à ce qui a été dit aux numéros précédents, une personne notée d'infamie se présentait en justice pour autrui, ou se faisait elle-même représenter, l'adversaire pouvait se prévaloir, sous forme d'exception dilatoire, des incapacités qui frappaient l'infâme, et faire ainsi ajourner le procès (*Fr.* 19, § 2, *D.* 22, 3; *Fr.* 2, § 4, *D.* 44, 1; § 11, *Inst.* 4, 13; Gaius, IV, § 124). Mais, soit que dans la pratique les *exceptiones procuratoriæ* ne fussent d'aucun usage, soit, au contraire, qu'on en fît abus (car on a proposé ces deux interprétations du texte des Institutes), Justinien décida qu'à l'avenir elles ne seraient plus admises, « *ne dum de his altercatur, ipsius negotii disceptatio proteletur* » (*Fr.* 11, *in fine*, *Inst.* 4, 13). Est-ce à dire que Justinien n'a entendu interdire l'usage de ces exceptions que si elles étaient de nature, par les recherches qu'elles nécessiteraient, à entraver trop longtemps la marche du procès, tout en autorisant l'admission de celles dont le bien fondé était établi dès l'origine? Cette interprétation ne saurait être admise en présence de l'expression absolue et formelle qui se trouve dans notre texte: « *conquiescere sancimus.* » Ou bien, Justinien a-t-il voulu abolir entièrement l'incapacité qui frappait l'infâme de se présenter ou de se faire représenter en justice? Cette opinion n'est guère plus fondée, car elle est en opposition avec les textes du Digeste et du Code; or, l'on sait que l'édition qui nous est parvenue de ce dernier recueil est postérieure à la rédaction des Institutes. Il est beaucoup plus probable que le texte que nous discutons n'eut d'autre objet que de faire cesser un sujet de discussions interminables à l'origine des procès, en enlevant aux parties la faculté de soulever de semblables contestations, pour remettre exclusivement la décision de pareils incidents à l'arbitre du juge. (Marezoll, pages 215 à 217; Savigny, § 82, texte et note *h.*)

116. Les personnes notées d'infamie ne pouvaient introduire une action publique ou populaire, car, d'après les idées
du Droit romain, celui qui intentait une pareille action était
censé se constituer procureur du peuple (*Fr.* 1 et 4, *D.* 47,
23; *Fr.* 43, § 2, *D.* 3, 3). A moins qu'il ne s'agît d'un crime
de lèse-majesté ou d'accaparement de vivres (*Fr.* 7, *pr.*
D. 48, 4; *Fr.* 13, *D.* 48, 2), les infâmes perdaient également le droit de porter une accusation pour crime (*Fr.* 8,
D. 48, 2). Il ne semble pas, en présence des termes généraux de la *C.* 15, *C. de his qui accusare non possunt* (9, 1),
que cette incapacité doive être restreinte aux seules personnes infâmes qu'énumère ULPIEN au fragment 4 du même
titre. Du reste, si son intérêt personnel était en jeu, l'infâme
recouvrait le droit d'accuser ou d'intenter une action publique. (*Arg. Fr.* 4, *D.* 48, 2 et *Fr.* 6, *D.* 47, 23.)

Enfin, notons encore que par argument du Fragment 11,
D. de dolo malo (4, 3), les infâmes perdaient la faculté
d'intenter une action infamante contre des personnes dont
l'honorabilité était intacte.

117. Je parlerai plus loin des effets qu'avait la note d'infamie, au point de vue de l'application de la peine, dans
un délit commis par une personne déjà infâme (nº 126). Il
me reste à examiner dans cette section l'influence qu'exerce
l'infamie sur l'admissibilité et la valeur du témoignage d'une
personne ainsi notée. Pour ne pas scinder la matière, j'indiquerai en même temps des dispositions relatives à l'incapacité d'être témoin dans les actes publics.

Il était de principe à Rome que toute personne à laquelle
la loi ne l'avait pas formellement interdit, était habile à
rendre témoignage, tant en matière criminelle qu'en matière
civile (*F.* 1, § 1, *D.* 22, 5). Il ne paraît pas qu'avant Justinien
une pareille interdiction ait été prononcée d'une manière
générale contre tous les infâmes: certains fragments que

nous trouvons au Digeste prouvent, au contraire, que leur capacité de déposer comme témoins n'était pas contestée en principe (*F. 3, pr.* § 1, *D.* 22, 5). Ce n'était que s'il y avait été expressément dérogé par une loi, que fléchissait la règle que j'ai rappelée ci-dessus (*Arg. F.* 13, cbn. *F. 3,* § 5, *D. ib.*). La loi Julia *de vi* avait édicté une semblable disposition, que CALLISTRATE résume ainsi : « *Lege Julia de vi cavetur ne hac lege in reum testimonium dicere liceret.... qui judicio publico damnatus erit, quive ad bestias ut depugnaret se locaverit, quæve palam quæstum faciet, feceritque....* » et le jurisconsulte continue : « *nam quidam propter reverentiam personarum....* ALII VERO PROPTER NOTAM *et infamiam vitæ suæ admittendi non sunt ad testimonii fidem.* » (*Fr.* 3, § 5, *D.* 22, 5 ; cpr. *Fr.* 6, § 1, *D.* 48, 11.)

On fut fort naturellement amené à récuser également en matière civile le témoignage de personnes que le législateur refusait d'entendre dans certains procès criminels. Du reste, même dans les cas où aucune disposition de loi n'empêchait un individu noté d'infamie de déposer en qualité de témoin, un semblable témoignage était toujours suspect, en ce sens que le juge devait avoir égard au caractère moral de la personne, dans l'appréciation de la valeur des déclarations faites devant lui. (*Fr. 3, pr.* § 1 et 13, *D.* 22, 5 ; PAUL, *Sent.* V, 15, § 1.)

118. Jusqu'en 539, date de la Novelle 90, dont il sera question plus loin, la note d'infamie ne paraît non plus avoir été un obstacle qui empêchât l'infâme, d'une manière absolue, d'être témoin dans un acte public, et notamment dans un testament. Mais avant d'examiner ce côté de la question, il faut dire ici quelques mots sur une catégorie spéciale d'incapables : je veux parler des *improbi et intestabiles.* Sans m'engager dans des discussions qui me mène-

raient trop loin, j'indiquerai quels sont, dans ce sujet fort obscur, les points qui présentent le plus de probabilité.

AULU-GELLE (*Nuits attiques*, liv. XV, ch. 13) nous a conservé une disposition de la Loi des Douze-Tables, qui mentionne cette catégorie d'incapables dans les termes suivants: « *Qui se sierit testarier, libripensve fuerit, ni testimonium fariatur, improbus intestabilisque esto.* » Ce qui peut se traduire ainsi : Que celui qui, ayant consenti à être témoin ou *libripens*, refuse plus tard de rendre témoignage au sujet de l'acte auquel il aura pris part en cette qualité, soit *improbus et intestabilis*. Le sens qu'il faut attacher à ces derniers mots ressort clairement de l'ensemble du texte : *intestabilis* signifie ici *cui testari* (*i. e. testimonium dicere*) *non licet;* et peut-être faut-il expliquer *improbus* par les mots *qui* PROBARE *non potest.* Cette signification primitive du mot *intestabilis* résulte formellement du passage suivant de GAIUS : *Cum lege quis intestabilis jubetur esse, eò pertinet* NE EJUS TESTIMONIUM RECIPIATUR, *et eò amplius (ut quidam putant), neve ipsi dicatur testimonium* (*Fr.* 26, *D.* 28, 1). Ainsi, l'incapacité d'être témoin était la seule idée précise exprimée par ce mot : on discutait encore la question de savoir s'il devait également être compris dans le sens passif. Puis, cette extension admise, on en vint peu à peu, en dénaturant l'idée primitive, à retirer à l'*intestabilis* la faculté de faire un testament, puis enfin le droit de recevoir par testament. (*Fr.* 18, *pr.* § 1, *D.* 28, 1; Théoph. *ad* § 6, *Inst.* 2, 10.)

119. Je ne m'arrêterai pas plus longtemps sur cette matière, qui présente des difficultés pour la solution desquelles on en est réduit aux conjectures. Ce qui précède suffit pour prouver que les *improbi et intestabiles* ne doivent pas être confondus avec les *infames*, car il n'existe entre eux aucune communauté d'origine. Il ne serait donc pas exact de

se fonder sur ces mots des Institutes: «*nec is quem leges jubent improbum intestabilemque esse, potest in numero testium adhiberi*» (**§** 6, *Inst.* 2, 10), pour en conclure d'une manière générale, que tous les infâmes étaient incapables d'être témoins à un testament, par la raison, dirait-on, qu'ils rentraient tous dans la catégorie des *improbi et intestabiles*. Bien au contraire, cette expression n'est formellement appliquée qu'à une catégorie d'infâmes : ce sont les pamphlétaires (*Fr.* 21, *pr. D.* 22, 5; *Fr.* 18, **§** 1, *D.* 28, 1; *Fr.* 5, **§** 9, 10, *D.* 47, 10); puis aussi, mais moins explicitement, aux adultères et aux concussionnaires (*Fr.* 14, 15, 18, *D.* 22, 5; *Fr.* 6, **§** 1, *D.* 48, 1). Au contraire, il n'en était pas ainsi des condamnés pour *calumnia* (*Fr.* 13, *D.* 22, 5). Il ressort de la controverse même dont ce dernier texte fait mention, que jamais aucun jurisconsulte n'a admis en principe que tous les infâmes fussent *intestabiles*. Un doute pourrait cependant naître à cet égard d'un fragment d'ULPIEN, dont le sens est obscur : «*Eum qui lege repetundarum damnatus est, ad testamentum adhiberi posse existimo, quoniam in judicio testis esse vetatur.*» (*Fr.* 20, **§** 5, *D.* 28, 1). On a proposé pour ce texte différentes leçons, desquelles résultent autant de sens différents (MAREZOLL, p. 224, note). CUJAS, par exemple, a proposé de lire «*adhiberi* NON *posse.*» Mais il me semble que le passage d'ULPIEN, tel qu'il nous est donné et tel que je viens de le transcrire, trouve une explication fort naturelle, si on l'interprète ainsi: La personne qui a subi une condamnation par application de la loi Julia *repetundarum*, est habile à être témoin dans un testament, *car* l'incapacité prononcée par cette loi ne s'applique qu'aux témoignages rendus en justice. (Cpr· *Fr.* 2, *D.* 1, 9.)

120. Ce qui vient d'être dit pour les témoins dans un testament est en général applicable à tous les témoins solen-

nels, quelle que soit la nature de l'acte auquel ils sont appelés à prendre part. L'exclusion de la personne notée d'infamie n'était en pareil cas qu'une exception, qui devait être formellement exprimée par la loi, et dont on trouvera des exemples aux *Fr.* 1, § 36, *D.* 16, 3 ; *Fr.* 7, *D.* 29, 3 ; *C.* 11, *C.* 8, 18 ; *Nov.* 1, ch. 2, § 1 ; v. encore Paul, *Sent.* IV, 6, § 2.

121. Telle était, dans son ensemble, et autant qu'il est possible de la reconstituer à travers les obscurités des textes, la législation en vigueur jusqu'à Justinien. La Novelle 90 apporta à cette matière de grandes modifications. Voici les termes de cette constitution :

« *Sancimus vero...* UT TESTES BONÆ EXISTIMATIONIS SINT, *et vel propter dignitatem, vel militiam, vel divitias, vel indubitatum officium ejusmodi calumnia superiores exsistant, vel si tales non sint, ab aliis tamen quod fide digni sint testimonium habeant. Nec sedentarii quidam, nec humiles, nec planè obscuri ad testimonium veniant, sed ut, si de iis dubitetur, facilè demonstrari possit, vitam testium inculpatam et moderatam esse. (Nov.* 90, ch. 1, *proœm.)*

Justinien, on le voit, va ici beaucoup plus loin qu'on ne l'avait fait avant lui. Antérieurement, ce n'étaient que certaines personnes infâmes, pour faits spécialement désignés, auxquelles était retirée la capacité d'être témoins : le témoignage des autres infâmes n'était que suspect. Par la Novelle 90, l'incapacité devient générale et absolue : elle frappe toute personne dont la réputation aurait subi la moindre lésion, ou dont la conduite pourrait donner lieu au moindre reproche.

SECTION II.

Des effets de la note d'infamie sur la capacité politique.

122. S'il est exact de dire, ainsi que je crois l'avoir démontré, que la note d'infamie, dans sa constitution primitive, était une institution exclusivement prétorienne, il ne saurait être douteux qu'elle ne pouvait avoir, dans sa forme originaire, aucune influence sur la capacité politique des personnes contre lesquelles elle était prononcée. Car il faut, on ne saurait trop insister sur ce point, distinguer avec soin la note d'infamie de la note censoriale : l'origine de la première se trouvait dans des nécessités tirées de l'ordre judiciaire, tandis que la seconde avait son point de départ dans des considérations fondées sur l'ordre politique. Il résultait de là que tant qu'elles vécurent chacune de leur vie propre, ces institutions agissaient dans des sphères entièrement distinctes, dont les limites étaient déterminées par la différence même des attributions du préteur et des censeurs. Elles devaient donc nécessairement produire chacune des effets distincts, et exercer l'une sur l'autre une influence d'autant moindre que, comme je l'ai dit, en indiquant les caractères généraux de la *nota censoria*, le blâme infligé par le censeur ne liait aucunément la liberté d'action d'aucun autre magistrat.

123. Donc, dans cette première période, les conséquences politiques de la note d'infamie étaient nulles, car le préteur n'aurait pu y attacher de pareils effets sans sortir de ses attributions, pour empiéter sur celles des censeurs.

Le préteur, il est vrai, n'admettait pas une personne notée d'infamie à faire partie des *judices:* mais ceci était moins une incapacité politique qu'une incapacité judiciaire: il était naturel qu'il ne voulût pas porter sur la liste des juges une personne qu'il avait déjà déclarée indigne de paraître devant lui comme représentant des parties; en agissant ainsi, le préteur restait dans la limite de ses pouvoirs et de ses attributions. (Cpr. *Fr. 1, D. 48, 7; Fr. 6, § 1, D. 48, 11.*)

124. Ce ne fut donc probablement que quand l'institution prétorienne eut absorbé l'institution censoriale, que la note d'infamie commença à entraîner des incapacités politiques. Jusque-là de pareils effets n'avaient été produits que par la note censoriale, et surtout par les condamnations *in judicio publico*. La fiction attachée aux condamnations de ce genre (n° 28) devait naturellement avoir pour résultat de rendre les personnes qui en avaient été l'objet, incapables de participer aux prérogatives des citoyens, dont les deux principales étaient le droit de participer aux honneurs et dignités, et de voter dans les assemblées du peuple (*jus suffragii*). — Cette dernière prérogative perdit toute son importance sous l'Empire; mais il n'en fut pas de même du droit d'aspirer aux fonctions publiques. Aussi trouvons-nous dans plusieurs des *leges judiciorum publicorum* rendues vers cette époque et dans d'autres endroits du Digeste, des dispositions qui prononçaient des incapacités politiques ou civiques de diverses natures, contre les infâmes, dans le sens plus étendu qu'avait pris ce mot à cette époque. Telle était l'interdiction de faire partie du sénat, de la curie ou de prétendre à d'autres honneurs (*Fr. 1, pr., D. 48, 7; Fr. 40, D. 47, 10*; cpr. *Fr. 2 et 3, D. 1, 9*), de remplir les fonctions *d'assessor* (*Fr. 2, D. 1, 22*), ou d'être nommé légat de la République (*Fr. 4, § 1, D. 50, 7*). Telles étaient encore, à un point de vue plus spécial et à une époque un peu antérieure, les incapacités prononcées par la *Lex Julia municipalis* [v. Table d'Héraclée, lignes 34 (108) à 51 (125); voy. aussi lignes 52 (126) à 67 (141)]. Enfin, comme nous le verrons

dans la 3e section de ce chapitre , les lois Papiennes avaient prononcé contre les *mulieres famosæ* une véritable déchéance sociale.

125. Constantin généralisa ces incapacités qui jusque-là étaient particulières aux classes d'infâmes contre lesquelles elles avaient été prononcées. « *Neque famosis et notatis , et quos scelus aut vitæ turpitudo inquinat, et quos infamia ab honestorum cœtu segregat, dignitatis portæ patebunt.* » (*C.* 2, *C.* 12, 1.)

Il faut remarquer ici la différence qu'il y avait entre les *honores* ou *dignitates* et les *munera* (V. *Fr.* 10 et 14, *D.* 50 , 4). La personne notée d'infamie restait habile à remplir les *charges* publiques, car c'était un privilége que d'en être exempté. Cependant il ne semble pas que le service militaire dût être, à ce point de vue, considéré comme *munus.* (*Arg. Fr.* 4, § 4 et 8, *D.* 49 , 16 ; — *C.* 7, *C.* 9, 51.)

126. Enfin l'infâme perdait dans une certaine mesure les garanties accordées aux autres citoyens. Non-seulement, il était d'usage d'appliquer aux personnes notées d'infamie une peine plus forte que celle qui eût été prononcée en pareille circonstance contre un citoyen honorable (*Fr.* 28, § 16, *D.* 48 , 19), mais par une disposition de la loi Julia *de adultèriis*, certains infâmes surpris en adultère pouvaient être impunément tués par le mari trompé (*Fr.* 24, pr. *D.* 48, 5) , alors qu'en général un pareil droit n'était accordé qu'au chef de famille sous la puissance duquel se trouvait la femme adultère. (*Fr.* 20, *ib.*)

SECTION III.

Des effets de la note d'infamie sur les droits civils.

§ 1. Des prohibitions de mariage établies par les lois Papiennes contre les mulieres famosæ.

127. Il a déjà été question à diverses reprises des extensions apportées à notre matière par les lois Papiennes. Le moment est venu d'examiner plus à fond les conséquences nouvelles qui en découlèrent pour la note d'infamie, et les modifications que ces lois apportèrent à l'institution prétorienne.

La loi Julia *de maritandis ordinibus* établit, relativement au mariage des personnes de rang sénatorial et des ingénus en général, certaines prohibitions qu'ULPIEN résume en ces termes : « *Lege Julia prohibentur uxores ducere* SENATORES QUIDEM LIBERIQUE EORUM *libertinas,* — *et quæ ipsæ quarumve pater materve artem ludicram fecerit* — *item corpore quæstum facientem.* — CETERI *autem* INGENUI *prohibentur ducere lenam,* — *et a lenone lenave manumissam,* — *et in adulterio deprehensam,* — *et judicio publico damnatam* — *et quæ artem ludicram fecerit; adjecit Mauricianus, et a senatu damnatam.* » (*Rgl.* XIII.)

Mais n'y a-t-il pas ici confusion ? ULPIEN mentionne à deux reprises les comédiennes, et semble dire d'autre part que le mariage entre ingénus et prostituées n'était pas prohibé. Si le mariage avec des comédiennes était interdit aux ingénus en général, il était inutile d'en parler en indiquant les prohibitions s'appliquant spécialement aux personnes de rang sénatorial, car en vertu de la règle énoncée au Fr. 49, D. 23, 2, l'incapacité prononcée contre les ingénus s'ap-

H.   7

pliquait à plus forte raison aux sénateurs et à leur famille (cpr. *Fr. 44*, § 8, *D. ib.*). Cependant, cette répétition s'explique par ce fait que pour ces dernières personnes la prohibition de mariage était plus étendue que pour les simples ingénus : non-seulement les personnes de rang sénatorial ne pouvaient épouser des comédiennes ou des comédiens, mais l'interdiction s'étendait même aux enfants d'acteurs ou d'individus qui avaient été comédiens. — Quant à l'interdiction portant sur les prostituées, il n'en est pas parlé par PAUL, dans le Fr. 44, pr. D. 23, 2, qui semble reproduire les termes mêmes de ce chef de la loi Julia, et l'exactitude de la mention qu'en fait ULPIEN, en restreignant cette interdiction aux sénateurs et à leurs enfants, est d'autant plus douteuse qu'il résulte clairement d'autres passages empruntés par le Digeste au même jurisconsulte, que cette prohibition s'étendait à tous les ingénus en général. (*Fr. 43*, pr. à § 5, *D.* 23, 2.)

Quoi qu'il en soit, on peut considérer comme hors de doute que par les lois Papiennes le mariage fut prohibé :

A. A tous ingénus en général avec les : 1) *lenæ*; 2) *manumissæ a lenone lenave* ; 3) les comédiennes ; 4) les femmes surprises en adultère ; 5) les condamnées *in judicio publico* 6) ou par le sénat, et fort probablement 7) avec les prostituées, *corpore quæstum facientes*. (ULP., *Rgl.* XIII, § 1, cbn. *Fr.* 43 et 49, *D.* 23, 2.)

B) Aux sénateurs et à leurs enfants et descendants des deux sexes (V. *Fr. 44, pr. D.* 23, 2), spécialement avec : 1) les affranchis en général ; — 2) les enfants dont les parents sont ou ont été comédiens.

128. Le mariage de personnes de famille sénatoriale avec des individus compris dans ces deux dernières classes n'avait été prohibé que pour éviter toute alliance de nature à faire déchoir ces familles du rang qui leur appartenait dans l'État.

Les prohibitions faites à tous les ingénus en général, qu'ils fussent ou non issus de famille sénatoriale, avaient un but de moralisation plus immédiat, car l'interdiction portait dans ces cas sur des femmes perdues d'honneur, que la loi elle-même désigne sous les expressions de *famosæ* ou *probrosæ mulieres.* — Jusqu'à ce moment cependant les femmes ainsi désignées n'étaient soumises à aucune note particulière, car ni la note censoriale, qui avait une origine et des conséquences toutes politiques, ni la note d'infamie, qui jusque-là ne visait qu'à un but tout spécial, l'interdiction de postuler, ne pouvaient avoir d'objet, appliquées à des personnes que leur sexe déjà rendait incapables d'exercer les droits politiques et d'agir en justice. — Mais il n'en fut plus ainsi quand la loi Julia eut établi les prohibitions que nous venons de voir. Toutefois, l'assimilation ne se fit pas dès l'origine de cette législation nouvelle. L'interdiction du *connubium* portait sur les femmes *famosæ*, ce qui est un terme général pour indiquer des personnes décriées, tarées, perdues d'honneur, et non sur des femmes *infames,* mot qui a toujours conservé dans les lois romaines sa signification juridique spéciale. — Mais la confusion ne tarda pas à s'opérer dans les travaux des jurisconsultes. Aussi bien, l'interdiction du *connubium* ne portait-elle que sur des femmes exerçant un métier ou se trouvant dans une condition qui avaient de tout temps entraîné la note d'infamie pour les hommes. A ce point de vue l'assimilation se justifiait, et voici quelles furent alors les conséquences de l'infamie. Les *hommes notés d'infamie* perdaient leurs droits politiques, la faculté de postuler pour autrui, et ne pouvaient épouser des femmes issues de familles sénatoriales. — Les *mulieres probrosæ* énumérées par la loi Julia furent déclarées absolument incapables d'épouser un homme de naissance ingénue.

129. La sanction des prohibitions de la loi Julia était-elle la

nullité du mariage contracté au mépris de ses dispositions ?
Non, certains textes résistent absolument à une pareille interprétation (*Fr.* 27, 34 § 3 ; 43, § 10, *D.* 23, 2. Voy. SAVIGNY,
System, t. II, Appendice VII, n° 3). La loi Julia ne prononc-
çait contre ceux qui enfreindraient ses prescriptions qu'une
incapacité dont il sera question au § 2 de cette section. —
Ce ne fut que postérieurement, sous le règne de Marc-
Aurèle, qu'un sénatus-consulte établit la nullité du mariage,
mais dans un seul cas, celui où une personne de rang sénatorial aurait épousé un affranchi, et ce ne fut que par interprétation que cette nullité fut étendue ensuite au mariage
contracté par ces personnes avec des comédiens ou des individus exerçant des métiers contraires aux bonnes mœurs
(V. et cpr. *Fr.* 16, 27, 34, § 3, 42, § 1. *D.* 23, 2 ; *Fr.* 3, § 1.
D. 24, 1). Mais aucun texte ne déclare nul d'une manière
générale un mariage contracté avec une personne infâme,
soit par des membres d'une famille sénatoriale, soit en général par des ingénus.

130. Les dispositions de la loi Julia et du sénatus-consulte
de Marc-Aurèle ne suffirent cependant pas à prévenir de semblables mariages. Par une constitution rendue en 336, Constantin déclara infâmes les *illustres* qui épouseraient des personnes *abjectæ et humiles*, expression qui semble désigner
toutes les femmes appelées *famosæ* ou *probrosæ* par la loi Julia
(*C.* 1, *C.* 5, 27). Dans une constitution interprétative, rendue
en 454 par Marcien, cet empereur décida que le mot *humilis* ne comprenait pas les femmes ingénues, pour le seul fait
qu'elles étaient pauvres. — Cette constitution, qui n'est que
fort imparfaitement résumée au Code de JUSTINIEN (*C.* 7,
C. 5, 5), nous donne en ces termes le sens des expressions
humilis et *abjectæ :* «*Ille (Constantinus) vero honesti aman-
tissimus et morum sanctissimus censor, eas humiles abjec-
tasque judicavit esse personas, et matrimoniis senatorum*

duxit indignas quas, aut nascendi decolor macula (=humiles) aut vita probrosis quœstibus dedita (= abjectœ) sordentibus notis polluit, et vel per originis turpitudinem (=humiles) vel obscœnitate professionis (=abjectœ) infecit.» — (V. cette constitution à la suite du Code Théodosien, éd. J. Godefroi). — Il résulte de là que les personnes *abjectœ* n'étaient autres que les *mulieres famosœ* de la loi Julia, et que l'expression *humiles* désignait les filles de ces personnes ou d'individus infâmes en général.

131. La législation que je viens d'esquisser fut en partie abrogée par Justinien. Déjà, pour lui permettre d'épouser l'actrice Théodora, son père adoptif Justin avait levé, pour le cas où elles renonceraient à la scène, la prohibition du *connubium* qui pesait sur les comédiennes et leurs filles. (*C.* 23, *C.* 5, 4.)

Plus tard Justinien lui-même généralisa cette disposition, en dispensant dans ce cas les actrices de certaines conditions que leur avait imposées Justin. (*C.* 29, *pr.*, *in fine*, *C.* 5, 4, reproduite *ad C.* 33, *C.* 1, 4, cbn. *C.* de Justin; Nov. 51, *prœf.*, *in fine; Auth. scenicas non solum*, *C.* 5, 4.)

En 537 Justinien supprima toute différence entre les affranchis et les ingénus. (Nov. 78, ch. 1.)

Dans la même année, il abrogeait, par le chapitre 15 de la Novelle 89, la constitution de Constantin citée au numéro précédent, et confirma cette abrogation en 542, dans le chapitre 6 de la Novelle 117. La concession du *connubium* aux femmes indiquées dans cette constitution ne fut plus soumise, à partir de ce moment, qu'à deux conditions:

1° Que ces femmes fussent libres (Nov. 117, ch. 6);

2° Que, si elles épousaient des *illustres*, on rédigeât des actes dotaux. (Nov. ead. ch. 4 et 6; *Auth. ut liceat matri et aviœ, ad C.* 1, *C.* 5, 27 et *ad C.* 23, § 7, *C.* 5, 4.)

132. Voici quelles furent les conséquences de ces diverses dispositions :

1) La prohibition du mariage entre sénateurs et affranchis n'eut plus d'objet du moment que ces derniers furent entièrement assimilés aux ingénus.— Déjà précédemment, par la *C.* 28, *C.* 5, 4, Justinien avait décidé que le mariage d'un ingénu et d'une affranchie subsisterait alors même que le premier deviendrait par la suite sénateur.

2) La législation établie par Constantin et Marcien étant entièrement abrogée par les Novelles 89 et 117, la prohibition du *connubium* qui pesait sur les *mulieres humiles et abjectæ* disparut, de même que la note d'infamie que Constantin avait prononcée contre les *illustres* qui enfreindraient cette interdiction de mariage.

Mais il ne faut pas aller plus loin. Aucun texte ne nous autorise à admettre que Justinien ait entendu abolir complétement la législation sur le *connubium* établie par les lois Papiennes : les Novelles 89 et 117 ne visent que les constitutions de Constantin et de Marcien : ce n'est donc que dans la mesure des dispositions contenues dans ces dernières, que les Novelles que j'ai citées doivent être appliquées. Or, ni Constantin ni Marcien ne parlent des femmes surprises en adultère, ni de celles condamnées en instance publique, double catégorie que la loi Julia *de maritandis ordinibus* avait comprise dans les prohibitions édictées par elle (V. Ulp., Rgl. XIII, § 2). Ces prohibitions subsistaient donc encore sous Justinien, et de pareilles femmes ne furent jamais admises à épouser des personnes ingénues. Peut-être faut-il en dire autant des prostituées.

Ajoutons que Justinien ne leva d'ailleurs, pour les personnes dont j'ai parlé plus haut, que la prohibition du *connubium* et non la note infamante dont elles avaient été entachées par les lois Papiennes, ainsi que nous l'avons vu.

Cette note subsistait encore sous Justinien, et, en dehors du mariage, produisait tous les effets qui en étaient la conséquence, notamment en matière de succession.

§ 2. Influence de la note d'infamie sur la capacité de donner et de recevoir à titre gratuit.

133. Aucune disposition des lois romaines ne permet de supposer qu'à une époque quelconque les personnes notées d'infamie aient été privées d'une manière générale et absolue du droit de disposer ou de recevoir par testament et moins encore de succéder *ab intestat*. On a vu plus haut (n° 118) quelle était la véritable signification de l'expression *improbi et intestabiles*, que Justinien rappelle au § 6, Instit. II, 10. Si plus tard, comme je l'ai dit, on attribua à ces mots un sens dérivé, synonyme de *qui testamentum facere non potest*, ils n'ont jamais été appliqués à ce point de vue aux personnes infâmes, et Justinien ne se sert de cette locution que pour indiquer des personnes qui ne pouvaient prendre part à un testament en qualité de témoins. Nulle part cette expression appliquée aux infâmes ne paraît devoir exprimer une incapacité de tester ou de recevoir par testament.

En dehors du cas tout spécial de la constitution 5, § 1, C. 9, 8 (n° 104, E, 3°), la note d'infamie ne produisait que des incapacités partielles en matière de succession. Les unes, résultant des lois Papiennes, frappent toutes les *mulieres famosæ seu probrosæ;* les autres atteignent en général les personnes infâmes dans le cas où un testateur les aurait avantagées aux dépens de ses héritiers naturels.

A. INCAPACITÉ DES FEMMES NOTÉES PAR LA LOI JULIA.

134. Les prohibitions de *connubium* établies par les lois Papiennes étaient sanctionnées par des incapacités de donner

et de recevoir prononcées contre les personnes qui auraient violé ces dispositions. Mais il est fort difficile d'établir avec précision jusqu'où s'entendaient ces incapacités. Nous ne trouvons guère qu'un seul texte qui soit formel, mais qui prononce sur des dispositions de nature spéciale : les successions entre époux. Voici comment s'exprime ULPIEN : « *Aliquando vir et uxor nihil inter se capiunt, id est si contra legem Juliam Papiamque Poppœam contraxerint matrimonium, verbi gratia* SI FAMOSAM QUIS UXOREM DUXERIT, AUT LIBERTINAM SENATOR. » L'incapacité était donc ici réciproque.

Les lois Papiennes mêmes n'avaient pas établi contre les *mulieres probrosœ* d'incapacité générale en matière de successions, et ce ne furent que des dispositions de lois postérieures qui étendirent et multiplièrent les cas d'incapacité. Ici cependant nous en sommes réduit aux conjectures, et c'est à peine si nous avons quelques jalons qui puissent nous guider.

135. SUÉTONE rapporte que sous Tibère «*fœminœ famosœ, ut ad evitandas legum pœnas, jure ac dignitate matronali exsolverentur, lenocinium profiteri cœperant*» (Vie de Tibère, ch. 35). Ce passage de SUÉTONE est corroboré par la disposition du Fr. 10, § 2, *D*. 48, 5, qui est d'ailleurs étrangère à la question d'incapacité qui nous occupe en ce moment. Mais il s'explique encore à un autre point de vue qui se rapporte plus directement à la question que nous traitons ici. En se livrant à la prostitution, les femmes se rendaient inhabiles à contracter mariage avec une personne ingénue. Dès lors les incapacités que les lois Papiennes avaient attachées au célibat volontaire ne pouvaient plus leur être appliquées, car elles s'étaient mises dans l'impossibilité de se marier suivant les prescriptions de ces lois. Ce calcul, d'un raffinement scandaleux, fut, paraît-il, d'une pratique fréquente, car Domitien fut amené, pour le déjouer, à

prendre une mesure générale que Suétone rapporte en ces termes : « *Probrosis fœminis lecticæ usum ademit,* JUSQUE CAPIENDI LEGATA HEREDITATESQUE (Vie de Domitien, ch. 8). Cette disposition doit être entendue en ce sens que le béné- fice du célibat forcé ne devait plus à l'avenir profiter à ces femmes, et qu'elles devenaient absolument incapables d'ac- quérir des legs ou une succession quelconque, comme si elles restaient volontairement dans le célibat. (Savigny, *op. cit.,* t. II; *Append.* VII, n° 13.)

Adrien compléta cette mesure en l'étendant aux disposi- tions faites par des testaments militaires, auxquels elle ne s'appliquait pas jusque-là (*Fr.* 41, § 1, *D.* 29, 1; *Fr.* 14, *D.* 34, 9; cpr. Gaius, II, § 111). — De ce moment les *mu- lieres famosæ* des lois Papiennes semblent donc avoir été déclarées entièrement incapables d'être avantagées par tes- tament, et d'hériter à quelque titre que ce soit. Ceci paraît d'autant plus probable qu'Ulpien a soin de mentionner comme une exception que « *mulier famosa ad legitimam hereditatem* LIBERORUM *admittitur* » (*Fr.* 2, § 4, *D.* 38, 17), et que Justin, en levant la prohibition de *connubium* qui pesait sur les comédiennes, a soin de dire qu'elles recouvraient le droit de disposer de leurs biens et de recueillir une hérédité testamentaire ou *ab intestat.* (*C.* 23, § 3, *C.* 5, 4.)

B. DE LA PLAINTE D'INOFFICIOSITÉ DIRIGÉE CONTRE UN TESTAMENT INSTITUANT DES PERSONNES INFAMES.

136. La plainte d'inofficiosité pouvait être intentée par tous ascendants et descendants passés sous silence par le testa- teur, sans égard à la condition des personnes qui leur au- raient été préférées, car leur omission dans le testament constituait dans tous les cas une violation de l'*officium pie- tatis.* Au contraire, les frères et sœurs du testateur ne pou-

vaient que dans certains cas arguer d'inofficiosité le testament du défunt. — Deux constitutions de Constantin, rendues en 319 et en 332 (*C.* 1 et 3, *C.* Theod. 2, 19), dont les termes ont été résumés, mais fort incomplétement, dans le Code de Justinien (*C.* 27, *C.* 3, 28), avaient établi à ce sujet des dispositions dans l'examen desquelles je n'entrerai pas, car cela nous entraînerait à des développements qui nous écarteraient trop de la question spéciale dont il s'agit ici. C'était là d'ailleurs une disposition du droit nouveau dérogeant entièrement à la législation de l'époque classique. — Qu'il suffise de dire que la *querela inofficiosi testamenti*, qui ne pouvait jamais être intentée par les frères ou sœurs utérins du testateur, était accordée par la C. 27, C. 3, 28, aux frères et sœurs consanguins, — et à plus forte raison aux germains, — si le testateur avait institué à leurs dépens des personnes « *qui infamiæ, vel turpitudinis, vel levis notæ macula adspergantur.* » Il semble toutefois que ce n'ait été là qu'une énumération démonstrative, et que la loi ait abandonné au juge le soin d'apprécier si la plainte portée devant lui était admissible. — Aussi la disposition de cette constitution ne doit-elle pas être considérée comme spéciale à notre matière. (Savigny, *op. cit.*, § 82, *in fine ;* voy. Marezoll, p. 246 à 259 ; — cpr. § 1, *Instit.* 2, 18 ; *C.* 11, *C.* 3, 28.)

§ 3. D'une disposition particulière relative aux droits personnels.

137. Les lois Papiennes, dans un chef que Paul reproduit textuellement (*Fr.* 37, pr. *D.* 38, 1), libèrent des *operæ libertorum* l'affranchi auquel il serait survenu deux ou plusieurs enfants, postérieurement aux engagements qu'il aura con-

tractés envers son patron. Il n'est fait d'exception que pour l'affranchi « *qui artem ludicram fecerit, quive operas suas, ut cum bestiis pugnaret, locaverit.* » — C'est la seule incapacité, fort spéciale comme on voit, qui frappât certains infâmes en matière de droits personnels.

CHAPITRE III.

Des modes d'extinction de la note d'infamie.

138. La note d'infamie était perpétuelle de sa nature. Elle était d'ailleurs toute personnelle à celui qui en était entaché, et, hors le cas tout spécial de la *C.* 5, § 1, *C.* 9, 8 (V. n° 104, E. 3°), elle ne rejaillissait pas sur la famille de la personne infâme. (*Fr.* 26, *D.* 48, 19; *Fr.* 2, § 2, *in fine D.* 50, 2.)

Sauf les exceptions indiquées plus bas, la note d'infamie survivait à la peine temporaire prononcée contre le coupable, et d'autre part l'abandon du genre de vie honteux auquel cette note était attachée n'avait, en général, aucune influence sur l'existence de celle-ci (*Arg. Fr.* 43, § 4, *D.* 23, 2). Enfin, il était également de règle que la grâce intervenue en termes généraux (*abolitio seu indulgentia generalis*), à la suite d'une condamnation entraînant l'infamie, n'avait pas pour effet de réhabiliter le coupable, mais ne le déchargeait que de la peine (pécuniaire ou corporelle) qui avait été pro-

noncée contre lui (V. *C.* 3, *C.* 9, 43; *C.* 7, *C.* 9, 51; V.
cpd. *Fr.* 1, § 10, *in fine D.* 3, 1). Cette disposition s'explique
fort naturellement par ce fait, déjà signalé, que l'infamie
médiate ne découlait pas de la peine infligée, mais de la
nature du jugement qui avait entraîné la peine. Or, un pareil jugement subsistait tant qu'il n'était pas annulé par les
voies légales, et une grâce conçue en termes généraux ne
pouvait produire cet effet, car l'octroi même de cette faveur
présupposait l'existence et la validité du jugement.

139. Toutefois on avait admis des dérogations de diverses
natures aux règles qui précèdent.

Le préteur s'était réservé le droit de lever la note d'infamie par la voie de la *restitutio in integrum*, si la demande
était basée sur des motifs dont la connaissance ressortissait
à la juridiction de ce magistrat. Mais en dehors de ces limites, le pouvoir de réhabilitation cessait pour lui, et ce
droit n'appartenait plus alors qu'au sénat (pour les condamnations prononcées par ce corps) et au souverain (*Fr.* 1,
§ 10, *D.* 3, 1; *Fr.* 45, § 1, *D.* 42, 1; *Fr.* 1, § 27, *D.* 48,
18; *Fr.* 9, § 11 et *Fr.* 27, *D.* 48, 19; cpr. *Fr.* 63, *D.* 47,
2). La faveur accordée devait porter sur l'infamie même
(*restitutio famœ*), pour que cette note pût être effacée par
ce moyen. La qualification de *perpetua* ou *perennis*, que
divers textes appliquent à la note d'infamie ne semble être,
à ce point de vue, qu'une clause de style, et ne faire aucun
obstacle à la grâce impériale.

140. Dès avant les modifications apportées à la législation
par les empereurs, on avait établi, quant à la possibilité de
la réhabilitation, une distinction entre les divers cas d'infamie. Les *turpitudine notabiles*, expression qui, on se le rappelle, désignait les sodomites, les *arenarii* et les individus
condamnés en instance publique, ne pouvaient obtenir que
difficilement, nous dit ULPIEN, la *restitutio in integrum.*

D'autre part, je l'ai déjà dit, l'abandon du genre de vie honteux ne suffisait pas pour effacer l'infamie qui frappait *ipso facto* les personnes ayant une conduite ou un métier déshonnête, et l'on ne saurait chercher dans les constitutions que rendirent Justin et Justinien, en faveur des comédiennes (n° 131), un argument pour poser en règle une disposition qui avait une signification et un but tout spéciaux. Dans certains cas, la réhabilitation était subordonnée à des conditions fort dures. Nous en trouvons un exemple dans la Constitution 4 *ad S.C. Tertullianum* (C. 6, 56), qui exige que la veuve qui voudrait être lavée de l'infamie qu'un convol prématuré lui a fait encourir, fasse préalablement aux enfants qu'elle aurait de son premier mari, donation pleine et entière de la moitié des biens qu'elle possédait à l'époque de la célébration de son second mariage.

141. Adrien et ses successeurs apportèrent plusieurs innovations dans la durée de l'infamie, pour certains cas spéciaux qui peuvent se ramener à deux classes :

A. L'infamie n'est que temporaire ;

B. L'infamie ne frappe pas, bien que la condamnation soit infamante.

Toutes les exceptions que nous allons examiner dans ces deux divisions ont été établies en considération de la règle inscrite au *Fr.* 11, *pr. D. de pœnis* (48, 19) : que la peine infligée ne doit pas être plus dure que celle établie par la loi.

A. Il a déjà été question (n° 21, 3°) de l'exclusion temporaire d'un ordre ou d'une corporation, infligée, notamment, aux décurions et aux avocats. C'était tantôt une peine principale, et tantôt la conséquence d'une peine plus grave. Si, dans ce dernier cas, le jugement de condamnation était de la nature de ceux qui entraînaient la note d'infamie, cette note était perpétuelle, et survivait à la peine subie et à l'exclusion temporaire. Mais alors il arrivait que l'exclusion qui, en tant que conséquence de la peine principale, n'existait que pendant la durée de cette peine, devenait perpétuelle, comme conséquence de l'infamie. (*Arg. Fr.* 5, *D.* 50, 2.)

Si, au contraire, l'exclusion temporaire était prononcée comme peine principale, l'infamie, en vertu d'un édit d'Antonin, ne durait que tant que durait l'exclusion, car autrement on serait arrivé à cette conséquence inique qu'une peine qui n'avait été prononcée que pour un temps serait, en fait, devenue perpétuelle, l'existence de l'infamie s'opposant à l'admission dans les corporations dont il s'agit. (*C.* 1. *C.* 10, 59; — *Fr.* 8, *D.* 3, 1; — *Fr.* 3, § 1. *D.* 50, 2; *C.* 3. *C.* 2, 12). L'infamie cessait donc en pareil cas du jour de la réadmission dans l'ordre : elle cessait même avant cette époque, et du jour de l'expiration du temps fixé comme durée de la peine, si, dans l'hypothèse de la dernière partie du *Fr.* 2, *pr. D.* 50, 2, le décurion temporairement exclu était obligé, pour reprendre ses fonctions, d'attendre qu'il y eût une place vacante.

Une disposition particulière, relative à l'exil, fut introduite par Adrien (*Fr.* 8, *D.* 3, 1). Ici encore l'exclusion de l'ordre et l'infamie ne duraient que tant que durait l'exil; toutefois le décurion qui se trouvait dans cette situation ne pouvait, de même que tout relégué, aspirer à de *nouveaux* honneurs avant l'expiration d'un temps égal à la durée de l'exclusion ou de l'exil. (*Fr.* 15, *pr. D.* 50, 1; *C.* 2, *C.* 10, 59; cpr. *Fr.* 5, *D.* 50, 2, et *Fr.* 4, § 4, *D.* 49, 16.)

B. L'excès de la peine infligée avait pour effet de faire cesser l'infamie. Si, pour quelque motif que ce fût, le juge avait prononcé, dans une instance dont la conséquence était d'entraîner l'infamie pour le condamné, une peine qui excédât celle établie par la loi, le tort causé au condamné par ce jugement était *légalement* irréparable (il faut, avec les textes, raisonner dans l'hypothèse d'une condamnation devenue définitive) : néanmoins, pour l'atténuer autant qu'il était encore possible de le faire, on décidait que, par suite d'une sorte de transaction intervenue entre le juge et le condamné, ce dernier serait déchargé de l'infamie attachée à la condamnation. (*Fr.* 13, § 7. *D.* 3, 2 ; — *Fr.* 10, § 2. *D.* 48, 19; *Fr.* 15, *pr. D.* 50, 1 ; — *C.* 4 et 8. *C.* 2, 12.)

On ne saurait en aucune façon admettre l'étrange conséquence qu'on a voulu déduire de ces textes, en en concluant qu'il était ainsi au pouvoir du juge d'éviter l'infamie au condamné. Une pareille interprétation est formellement contraire aux principes du Droit romain, que nous trouvons indiqués aux *Fr.* 63, *D.* 47, 2; *Fr.* 40, *D.* 47, 10; *Fr.* 1, § 4 *in fine D.* 48, 16; *Fr.* 15, *pr. D.* 50, 1.

Dans ce dernier texte il est dit clairement que si une peine trop forte épargne l'infamie au condamné, une peine trop mitigée (à moins qu'elle ne le soit par des considérations particulières autorisées par la loi : *Fr.* 11 et 13, *D.* 48, 19; *C.* 3. *C.* 2, 12) ne saurait produire le même effet, car, ajoute PAPINIEN, le juge ne connaît que du fait et non du droit. — Il résulte évidemment de là que le juge n'avait, pas plus d'une manière que de l'autre, la faculté de faire échapper le coupable à l'infamie que la nature du délit devait entraîner, et que s'il en agissait volontairement ainsi, il commettait un excès de pouvoir.

Les textes, avons-nous dit, doivent être entendus comme raisonnant dans l'hypothèse d'une condamnation devenue définitive. Deux cas peuvent se présenter. — Ou bien la condamnation a déjà reçu un commencement d'exécution, ou bien l'excès de la condamnation est reconnue avant sa mise à exécution, mais après l'expiration des délais d'appel. Dans le premier cas l'infamie aura réellement commencé à produire ses effets, mais elle cessera dès que l'exagération de la peine aura été reconnue. C'est à cette hypothèse que se réfèrent plusieurs de nos textes, notamment les *Fr.* 15, *pr. D.* 50, 1, et *Fr.* 4, § 4, *D.* 49, 16.

Dans le second cas, au contraire, bien que l'infamie résulte, comme dans l'hypothèse précédente, du jugement même, elle cesse, par l'effet de la loi et dès que l'erreur du juge est reconnue, d'être une des conséquences de ce jugement, et disparaît ainsi avant même d'avoir réellement commencé à exister. C'est dans ce sens que semblent être conçus les Fragments 13, § 7, *D.* 3, 2, et 10, § 2, *D.* 48, 19.

SECONDE PARTIE.

TURPITUDO, LEVES NOTÆ.

---

142. Pour compléter l'exposé de la théorie de l'infamie en Droit romain, j'examinerai accessoirement dans cette seconde partie les effets juridiques que produisait la situation particulière de certaines catégories de personnes qui, sans avoir mérité la note d'infamie proprement dite (*infamia juris*), étaient cependant considérées, soit à raison de leur métier ou de leur genre de vie, soit à raison de leur extraction, comme ayant éprouvé dans leur condition juridique une lésion qui les plaçait dans une position inférieure à celle des autres citoyens.

143. La dénomination des deux classes dans lesquelles on range communément les individus dont il s'agit a été empruntée à la Constitution 27, C. 3, 28, qui, par les mots « *si...* INFAMIÆ, TURPITUDINIS et LEVIS NOTÆ, *macula adspergantur* », semble reconnaître formellement trois degrés dans les atteintes que peut subir l'honorabilité d'une personne. — Cette terminologie a été généralement adoptée par les auteurs, car elle répond assez exactement aux dis-

H.   8

tinctions que paraissent établir les textes, malgré la grande variété d'expressions en usage pour désigner ce que j'appellerai, avec la plupart des commentateurs, la *turpitudo* et les *leves notœ*.

I.

„Turpitudo".

144. Les anciens commentateurs ont beaucoup discuté la question de savoir si le Droit romain reconnaissait l'existence légale de la *turpitudo*, à laquelle on a encore donné le nom d'*infamia facti*, par opposition à l'infamie proprement dite, qui, résultant directement d'une disposition formelle de la loi, avait reçu le nom d'*infamia juris* (n° 23). On se fondait, pour soutenir la négative, sur ce que l'opinion publique, du jugement de laquelle on voudrait faire résulter cette note, est chose trop versatile pour pouvoir servir de base à une incapacité légale. Sans doute, ce raisonnement serait exact, si l'on devait admettre que l'opinion publique fût en pareil cas juge et partie dans la question. — Mais elle n'était ici que partie. C'est au magistrat devant lequel est portée une contestation qu'il appartient d'apprécier les faits, et par conséquent aussi d'examiner si les personnes qui comparaissent devant lui à un titre quelconque remplissent les conditions qu'exige leur rôle. Il jugera donc si les individus que l'opinion publique lui signale comme peu recommandables méritent une pareille sentence, et s'il les reconnaît tels, il sanctionnera l'accusation portée par l'opinion, en déclarant ces individus incapables de certains actes juridiques déter-

minés par la loi. — Il suffit de parcourir les nombreux textes qui font directement ou indirectement mention de la *turpitudo*, pour rester convaincu que le Droit romain attachait en plusieurs circonstances une importance réelle à la bonne réputation, et frappait de certaines incapacités juridiques les individus que la voix publique proclamait indignes de l'estime des gens de bien, sans qu'ils eussent subi d'ailleurs une condamnation ayant juridiquement porté atteinte à leur honneur, et en abandonnant au juge le soin d'apprécier cette question. (Voy. notamment *Fr.* 11, *D.* 4, 3 ; *Fr.* 8 et 9, *D.* 48, 2 ; — *Fr.* 2, 3, *D.* 22, 5 et *Nov.* 90, ch. 1 ; *Fr.* 2, *D.* 1, 9 et *Fr.* 12, § 2, *D.* 5, 1 ; *Fr.* 12, *D.* 23, 1 et *C.* 5, *C.* 5, 1 ; *Fr.* 22, § 6, *D.* 24, 3 ; *Fr.* 17, § 1, *D.* 26, 2 ; *C.* 2, *C.* 12, 1 ; *C.* 19 et 27, *C.* 3, 28 ; — *Fr.* 2, pr. *D.* 37, 15 et *C.* 25, *C.* 9, 9.)

145. L'existence de la *turpitudo* était donc une question de fait qu'il appartenait au juge seul de résoudre. On comprend que sa décision pût reposer sur des motifs d'une variété infinie, et qu'il serait dès lors oiseux de chercher à énumérer. Les textes ne nous fournissent que quelques exemples de faits entraînant la *turpitudo* : ainsi la débauche et la prodigalité (*Fr.* 11. *D.* 4, 3) ; ainsi encore cette note frappait les personnes qui, s'étant fait représenter en justice, s'étaient par ce moyen soustraites à l'infamie proprement dite (*Fr.* 2, pr. *D.* 37, 15) ; ou qui s'étaient rendues coupables d'une action qui, dans la rigueur de la loi pénale, échappait à l'infamie (*C.* 25, *C.* 9, 9) ; — ou qui, n'ayant été reconnues coupables qu'incidemment d'un fait dont la condamnation directe entraînait l'infamie, avaient ainsi échappé à la note d'infamie proprement dite (*C.* 17, 19, *C.* 2, 12 : voy. n° 63). — Mais en dehors de ces cas tout spéciaux, la *turpitudo* pouvait encore résulter d'une infinité d'autres causes, de la nature desquelles on peut se rendre compte

par les expressions qu'emploie la loi: *indignus moribus,
reprehensibilis, turpiter et cum flagitiosa fœditate vivens,
— turpis et impudica conversatio, quos vitæ turpitudo inquinat,* etc.

146. De même que les causes, les effets de la *turpitudo*
étaient variables. Non qu'il n'y en eût un certain nombre que
nous allons énumérer, et qui pouvaient se produire dans
tous les cas et de quelque cause que la turpitude résultât;
mais comme ces effets se résolvaient en incapacités juridiques, à la suite de l'appréciation du juge, il se pouvait faire
qu'une même personne fût reconnue à la fois *turpis* dans
une instance, et *honesta* dans une autre, et qu'ainsi sa turpitude ne produisît que des effets partiels, à la différence
de l'infamie proprement dite dont l'existence était toujours
légalement établie.

147. Les effets de la *turpitudo* en matière judiciaire paraissent avoir été l'incapacité de se présenter en justice pour
autrui (*Fr. Vat.,* § 324), et par conséquent d'introduire une
action publique (*Arg. Fr. 4, D. 47, 23*). Il est certain qu'elle
empêchait l'introduction d'une action infamante contre une
personne honorable (*Fr. 11, D. 4, 3*): cependant le droit
d'accuser ne paraît pas avoir été retiré d'une manière générale aux *turpes* (*Arg. a contr. Fr. 4 et 8, D. 48, 2*; voy. cpd.
C. 15, C. 9, 1). — Le témoignage d'un *turpis* était suspect
(*Fr. 3, pr. D. 22, 5*) et même inadmissible en certains cas.
(*Fr. 3, § 5, in fine, ib.;* — *Fr. 2, D. 1, 9*). Justinien le rejeta d'une manière absolue par le chapitre 1 de la Novelle
90. — Enfin le préteur n'admettait pas aux fonctions de
judex les personnes qui n'étaient pas d'une honorabilité
parfaite. (*Arg. Fr. 2, D. 1, 9*; Cic. *Pro Cluent.,* ch. 43; —
voy. aussi *Fr. 12, § 1, D. 5, 1*; *C. 12, C. 12, 1.*)

148. L'exclusion des dignités était la conséquence de la
turpitudo (*Arg. Fr. 2, D. 1, 9*), mais cette exclusion ne

paraît être devenue générale que sous Constantin. (*C.* 2, 6, *C.* 12, 1.)

149. La *turpitudo* produisait les effets suivants sur les droits privés :

1° Elle donnait ouverture à la *querela inofficiosi testamenti.* (*C.* 27, *C.* 3, 28; voy. n° 136.)

2° Elle autorisait l'exhérédation de la personne qui menait une vie honteuse (*C.* 19, *C.* 3, 28) ou qui aurait épousé une personne *turpis*, et de l'enfant issu d'un pareil mariage. (*Fr.* 3, § 5, *D.* 37, 4, et *arg.;* cpr. *Fr.* 25 *in fine, D.* 23, 2.)

3° Elle pouvait être de la part de la femme contre son mari un juste motif de divorce. (*Nov.* 22, ch. 15.)

4° La *filiafamilias* pouvait se refuser aux fiançailles (et à plus forte raison au mariage) que son père aurait voulu lui faire contracter avec un individu de mauvaises mœurs. (*Fr.* 12, *D.* 23, 1; *C.* 5, *C.* 5, 1.)

150. En certaines circonstances, la turpitude portait atteinte aux droits de puissance paternelle. Ainsi :

1° Si la conduite du père est telle qu'il soit à craindre qu'il dissipe la dot de sa fille, l'action en restitution lui est refusée à la dissolution du mariage de celle-ci. (*Fr.* 22, § 6, *D.* 24, 3.)

2° Contrairement à la règle générale, et en vertu d'une décision de Constantin, le père qui, condamné à une peine capitale, aura été gracié, ne recouvrera pas l'administration des biens de ses enfants, si sa conduite pouvait faire craindre qu'il les dilapidât: ces biens resteront confiés à la gestion des tuteurs nommés aux enfants à la suite de la condamnation du père. (*C.* 13, § 2, 3, *C.* 9, 51.)

3° Si, dans une instance fondée sur l'interdit *de liberis exhibendis*, les deux parties étaient toutes deux d'une moralité contestable, et qu'il s'agît d'un enfant impubère, la cause était renvoyée à l'époque de la puberté de l'enfant. (*Fr.* 3, § 4, *D.* 43, 30.)

4° L'action d'injure, qui appartenait au chef de famille, était exceptionnellement donnée au fils, si le père menait une vie déshonnête. (*Fr.*17,§ 13, *D.* 47, 10.) — Voy. encore *C.* 6, *C.* 11, 40.

151. Enfin, on trouve encore dans les textes une disposition concernant les *turpes* en matière de tutelle. Ulpien nous dit (*Fr.* 17, § 1, *D.* 26, 2) que la caution ne doit pas être considérée comme une garantie telle qu'il ne faille pas aussi avoir égard à la moralité de la personne qui l'offre, si bien que l'administration de la tutelle devra être confiée à des personnes honnêtes alors même qu'elles se trouveraient dans l'impossibilité de fournir caution, plutôt qu'à un individu d'honorabilité douteuse qui offrirait de donner cette garantie.

152. Il est à peine besoin d'ajouter ici que si la note d'infamie faisait en général présumer la *turpitudo*, il est évident cependant que certaines des incapacités qui viennent d'être mentionnées ne devaient pas être appliquées toujours et en tous cas aux infâmes, si leur vie privée ne les rendait pas suspects d'immoralité ou de dissipation. Ainsi, par exemple, une personne infâme conservait en général l'administration des biens de ses enfants et du pupille dont elle gérait la tutelle (*Arg. Fr.* 1, § 6 *in fine* et 11, *D.* 3, 1), tandis que, comme nous venons de le voir, cette administration pouvait être retirée à une personne qui n'était que *turpis*.

153. On comprend que l'existence de la *turpitudo* constituant exclusivement une question de fait, l'époque et les modes de son extinction n'aient pu être déterminés d'une manière précise par la loi. C'était avant tout au juge d'apprécier. Dans la plupart des cas, sans doute, le retour à un genre de vie plus honnête devait faire cesser les effets que

pouvait produire la *turpitudo*. (*Arg. Fr.* 1, *pr. in fine, D.* 27, 10). Mais quand la note résultait, non du genre de vie, mais d'un fait spécial, tel que ceux indiqués au n° 145, il est difficile de dire s'il existait des moyens légaux de se laver de cette tache. Il paraît certain que la réhabilitation ne s'appliquait pas au cas de *turpitudo*. (*Arg. C.* 13, § 2, *C.* 9, 51.)

154. Citons, en terminant cette matière, quelques expressions que les textes emploient comme synonymes de *turpitudo*, dans le sens où ce mot est pris ici. On trouve alternativement: *Gravata opinio, re ipsa et opinione hominum infamiæ nota; pravitas, infamia vitæ*, et même *ignominia facti*, mais cette expression d'ULPIEN (*Fr.* 39, *D.* 47, 2) ne semble pas devoir se traduire, comme on a voulu le faire, par infamie *de* fait, mais par infamie *du* fait dont il est question dans ce texte. — Les expressions de *turpis, turpitudo* se rencontrent le plus fréquemment, mais elles ne doivent pas toujours être entendues dans le sens admis ici. Ainsi le *Fr.* 8, *D.* 48, 2 désigne sous le nom de *turpis quæstus,* un fait qui tombait sous le coup de la loi Julia *repetundarum*, et qui entraînait par conséquent l'infamie proprement dite ; — et le § 1, *Inst.* 2, 18, comprend sous le mot *turpes* aussi bien les infâmes proprement dits que les personnes de vie déshonnête. Ce mot est encore assez généralement appliqué au métier de la prostitution, et aux prostituées elles-mêmes. (*Fr.* 43, § 4, 5, *D.* 23, 2.)

II.

„Leves notæ".

155. On traite communément sous cette rubrique de deux catégories fort distinctes de personnes qui, par leur métier

ou leur extraction, se trouvent dans une condition juridique tenant le milieu entre celle des infâmes et *turpes*, et celle dont jouissent les citoyens qui n'ont éprouvé aucune lésion dans les droits et la capacité que la loi reconnaît et confère. Ce sont d'une part les *viles*, et d'autre part les *humiles*.

§ 1. « Viles ».

156. Le Droit romain comprenait sous cette expression, les personnes libres exerçant des professions qui, d'après les idées alors reçues, devaient être abandonnées aux esclaves. Ici encore, il faut observer que la terminologie est fort peu précise, et que si le mot *vilis* est le plus souvent employé dans le sens que nous lui attribuons, on le rencontre cependant aussi dans le sens général de *turpis* (*Fr.* 11, § 1, *D.* 4, 3; *Fr.* 17, § 13, *D.* 47, 10), et que les mots *sordidus*, *abjectus*, reçoivent parfois la signification dont il est ici question.

157. Constantin, dans la Constitution 6, *C.* 12, 1, énumère les métiers considérés comme infâmes et indignes d'un homme libre. Au premier rang, nous trouvons les petits marchands. On sait combien le commerce était en général méprisé et avili par les Romains. A peine considéraient-ils comme honorable le grand négoce : quant au commerce de détail, il passait pour abject. Voici comment s'exprime CICÉRON : « *Sordidi etiam portandi qui mercantur a mercatoribus, quod statim vendant*; NIHIL ENIM PROFICIUNT NISI ADMODUM MENTIANTUR. » (*De offic.*, I, 42.)

158. L'industrie était également réputée à Rome une occupation d'esclaves. Constantin ne cite expressément que les ouvriers-monnayeurs (et encore est-il douteux que ce soit là le sens de *monetarii*), et confond les autres artisans dans des expressions générales. CICÉRON (*De offic.*, *loc. cit.*) dit

d'une manière absolue: « *Opifices omnes in sordida arte versantur, nec enim quidquam ingenuum potest habere officina,* » puis il ajoute: « *minimeque artes hæ probandæ quæ ministræ sunt voluptatum, cetarii, lanii, coqui, fartores, piscatores, ut ait Terentius. Adde huc, si placet, unguentarios, saltatores, totumque ludum talarium.* » Ce qui comprend les *aleatores.* Est-il besoin d'ajouter les filles d'auberge (*C.* 29, *C.* 9, 9), et en général les *caupones, nautæ, stabularii* et *balneatores,* d'autant plus méprisés qu'ils étaient en suspicion légale de favoriser la prostitution (*Fr.* 4, § 2, *D.* 3, 2). Citons encore, avec CICÉRON, les usuriers qui, comme nous l'avons vu, encouraient l'infamie proprement dite, à partir de Dioclétien (nᵒ 105, 1ᵒ), les péagers (*portitores*), et en général tous ceux « *quorum operæ non quorum artes emuntur: est enim illis ipsa merces auctoramentum servitutis.* » Enfin, Constantin mentionne les *stationarii:* la signification qu'il faut attacher à ce mot est douteuse; il paraît cependant probable qu'il désigne ici des employés subalternes de la police, des espions, dont le métier était donc du genre de ceux « *qui in odio hominum incurrunt* » et pour ce motif réputé misérable (« *Improbantur* » CIC., *De offic., loc. cit.*) (*Arg. C.* 1, *C. Th.* 6, 29; *C.* 1, *ib.* 8, 5; *C.* 2, *ib.* 8, 4; *C.* 31, *ib.* 16, 2; *C. Just.* 12, 23.)

159. Les *viles* étaient frappés des incapacités suivantes:

1ᵒ Constantin les exclut de toute espèce de dignités, ce qui semble prouver que cette exclusion n'était pas aussi générale avant lui. (*C.* 6, *C.* 12, 1.)

2ᵒ Ils ne pouvaient intenter d'actions infamantes contre des personnes honorables. (*Fr.* 11, § 1, *D.* 4, 3.)

3ᵒ Leur témoignage était suspect (*Arg. Fr.* 3, *pr. D.* 22, 5). Justinien le déclara inadmissible. (*Nov.* 90, ch. 1.)

4ᵒ Leur institution en qualité d'héritiers autorisait la plainte d'inofficiosité. (*C.* 27, *C.* 3, 28.)

5° Comme la note d'infamie était présumée devoir produire peu d'effet sur de pareilles personnes, le juge était autorisé à prononcer, le cas échéant, contre elles, à la place de cette note, une peine afflictive telle que l'exil (*C. 2, C. 9, 44*; cpr. *Fr. 35, D. 47, 10*). Mais ceci semble devoir être appliqué plutôt aux *turpes* qu'aux *viles*.

6° Enfin, le peu de considération dont ils jouissaient les faisait exclure de l'armée. (*Fr. 2, § 1, D. 49, 16*, cbn. *C. un. C. 12, 35.*)

160. Comme la note dont il est ici question ne résultait que du fait d'exercer certains métiers, il est fort probable qu'elle disparaissait si la personne ainsi notée abandonnait la profession réputée vile.

§ 2. « Humiles ».

161. Le mot *humilis* exprime, dans les textes, l'idée d'une condition sociale inférieure, abstraction faite de la moralité de la personne à laquelle il est appliqué, et désigne plus particulièrement les plébéiens par opposition aux patriciens, quelquefois aussi les affranchis par opposition aux ingénus, et dans un sens spécial, que nous avons vu au n° 130, les enfants nés de personnes exerçant une profession infâme. Mais les bâtards (*spurii*) n'étaient pas rangés dans cette classe, bien qu'on leur préférât, à choix égal, pour l'admission aux dignités, des personnes nées en légitime mariage. (*Fr. 3, § 2*, et *Fr. 6, pr. D. 50, 2.*)

162. Les incapacités auxquelles étaient soumis les *humiles* peuvent se résumer ainsi :

1° Ils n'étaient pas admis aux honneurs ;

2° Leur témoignage était suspect (*Fr. 3, pr. D. 22, 5*) : la Novelle 90 le repousse complétement ;

3° Ils ne pouvaient intenter d'action infamante contre les personnes investies de dignités. (*Fr. 11, D. 4, 3.*)

Mais c'était en matière pénale surtout que la distinction entre les *humiles* et les *honestiores* avait de l'importance. Dans l'ordre de la pénalité, ils tenaient le milieu entre les *honestiores* et les esclaves. (V. *Fr.* 10, *pr.*, *Fr.* 28, §§ 2 et 16. *D.* 48, 19; PAUL, *Sent.* V. 25, § 1.) Ils étaient soumis à des peines qui ne pouvaient être appliquées aux *honesti*. Telles étaient la peine des verges, la condamnation *ad opus publicum, ad opus metalli, in metalla;* la condamnation aux bêtes, la mise en croix, peine à laquelle Constantin substitua celle du gibet (*furca*). (V. *C.* 5, *C.* 2, 12; *C.* 11, *C.* 9, 41; — — *Fr.* 10, *pr.* et *Fr.* 28, § 2. *D.* 48, 19; *Fr.* 45, *D.* 47, 10; — *Fr.* 6, *pr. in fine, D.* 47, 11; — *Fr.* 38, §§ 3, 5, 7, *D.* 48, 19; *Fr.* 5, § 3. *D.* 50, 13; — *Fr.* 12, § 1. *D.* 47, 9; *Fr.* 3, § 5, *D.* 48, 8; PAUL, *Sent.* V, 23, § 1.)

TABLE DES MATIÈRES.

STRASBOURG, IMPRIMERIE DE VEUVE BERGER-LEVRAULT.

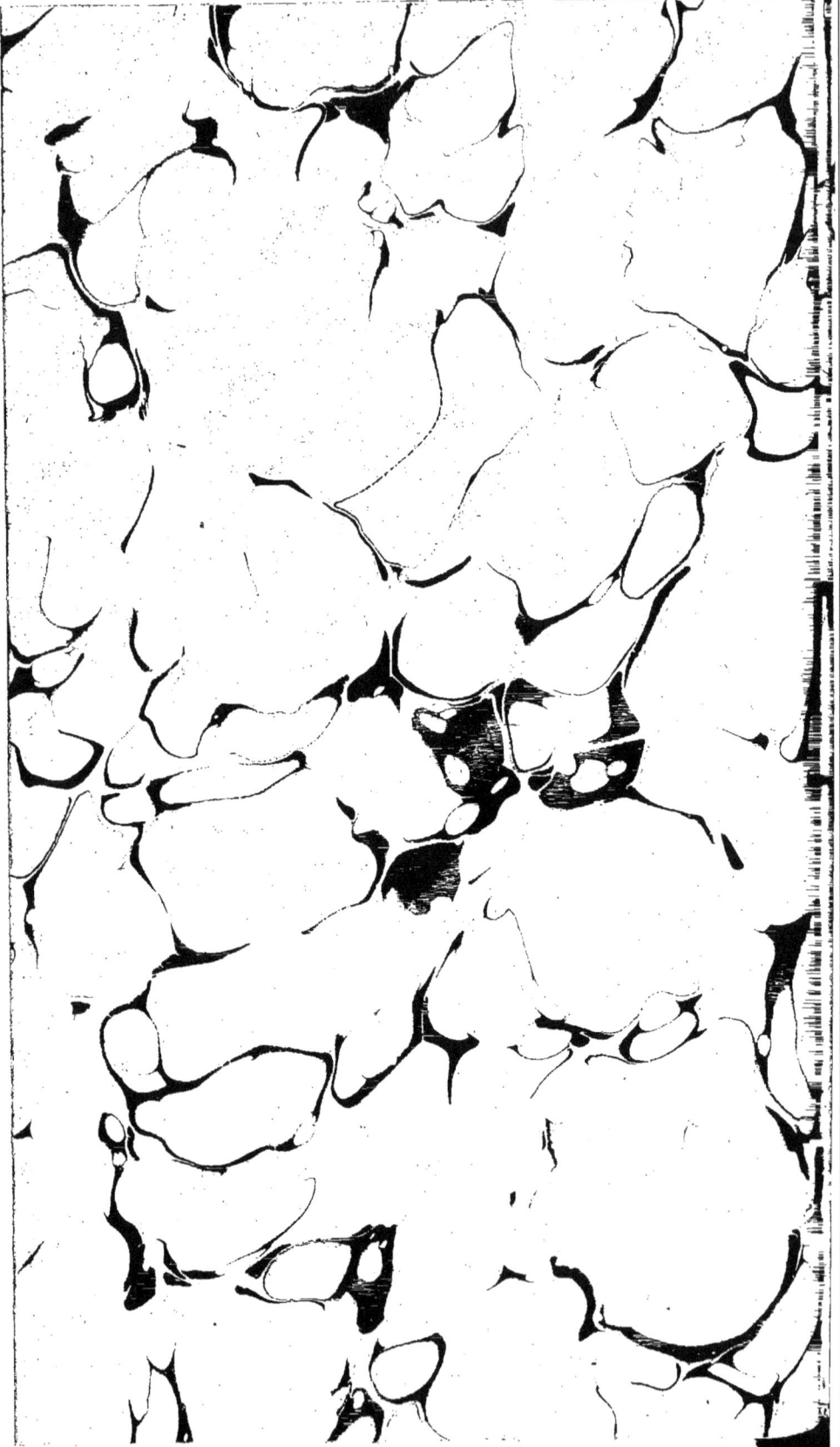

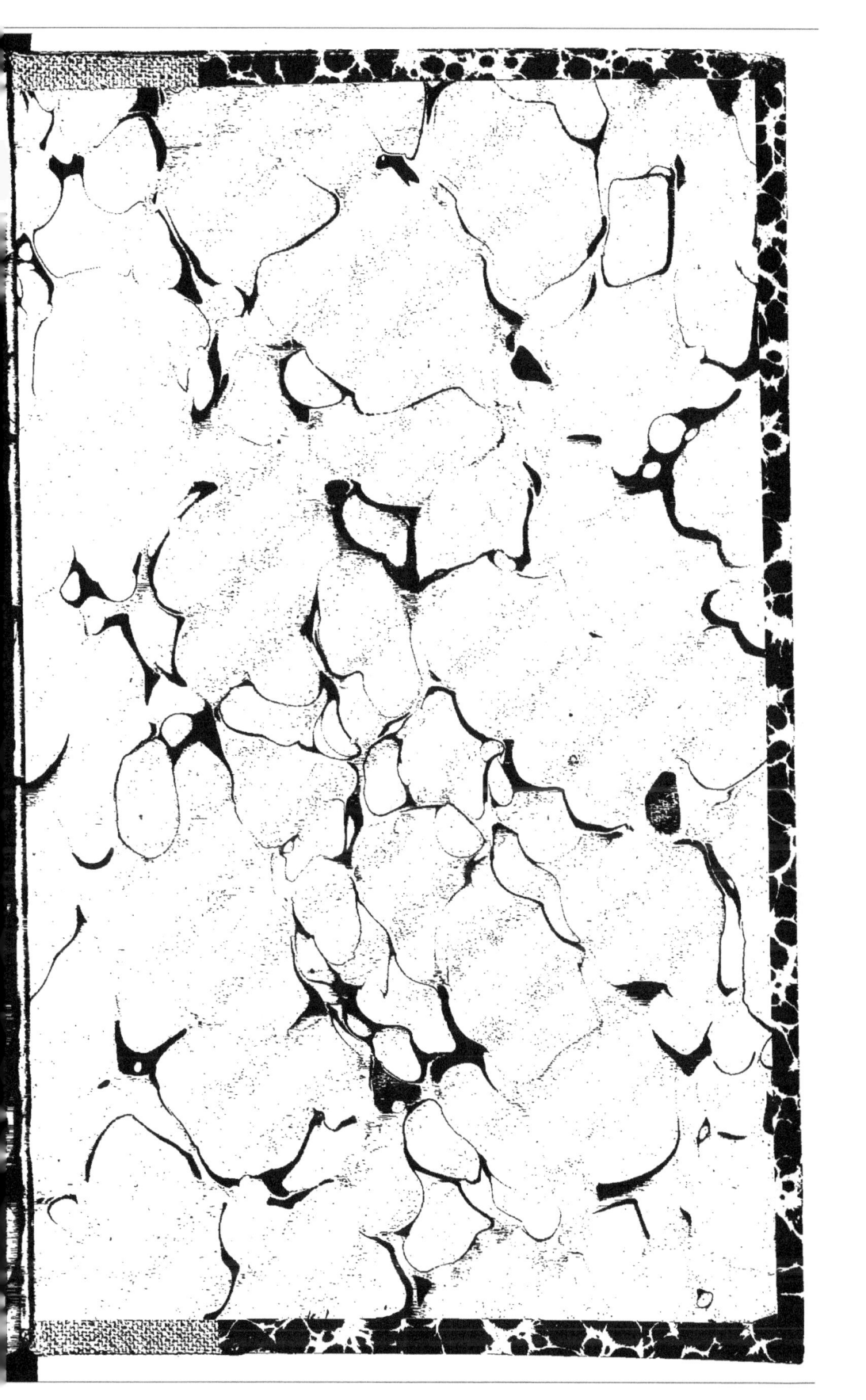

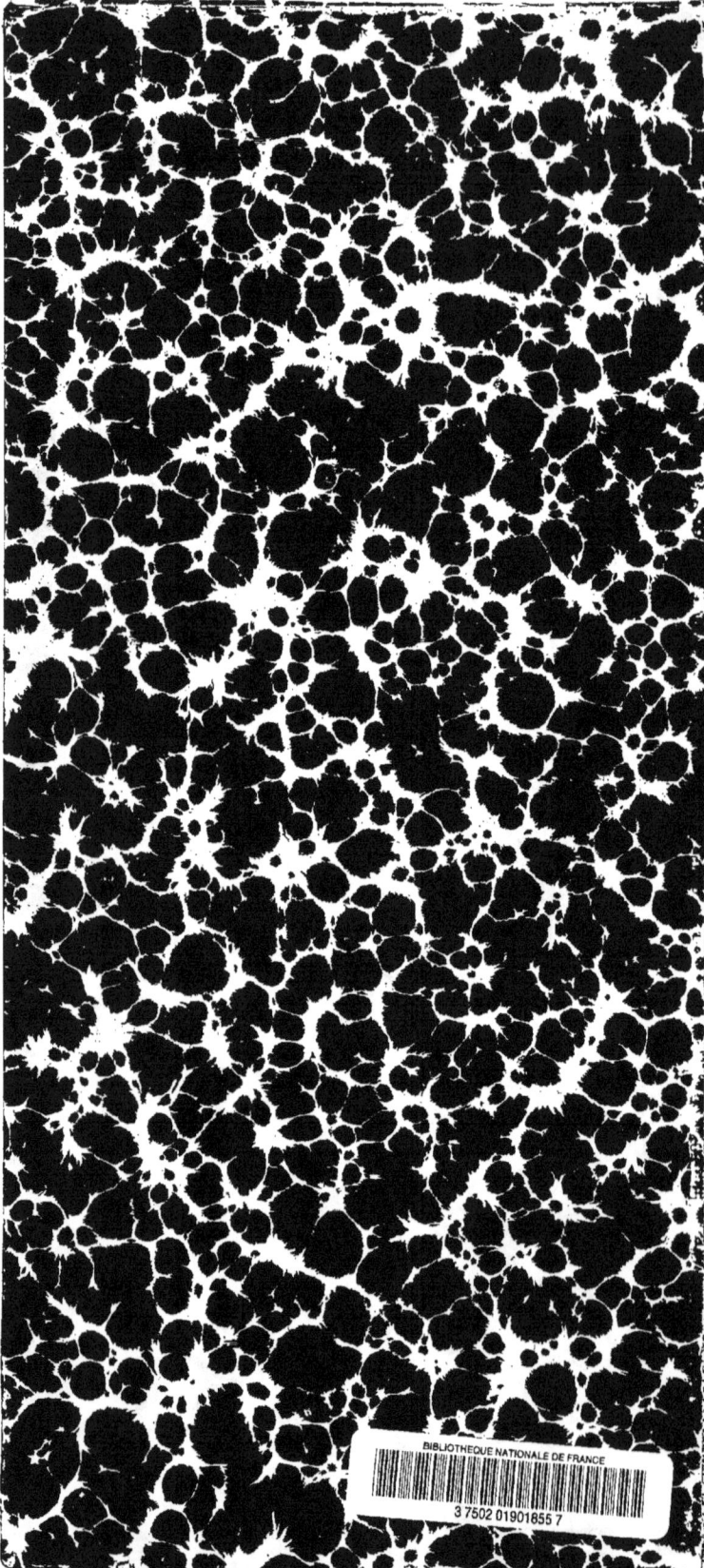